SV

Durs Grünbein
Strophen für übermorgen

Gedichte

Suhrkamp

Für Eva

I

SPRUCHTÄFELCHEN

Draußen die Nacht – im Innern ihr Hall.
So von Geburt an, so wird es sein

In all den Jahren, der Zeit, die dir bleibt.
Zu atmen, zu sterben im freien Fall...

Bevölkert der Erdkreis, keins lebt allein.
Blutiger Irrtum – der Körper. Er treibt

Verrat gegen dich, ein Komplize der Nacht.
Sternklar die Zukunft, die dich nicht kennt.

Überall Nicht-Ich, Welt ohne Rand.
So vieles mißachtet, so wenig bedacht –

Uralter Worte du – flüchtig – Akzent.
Einer von vielen hier, manchem verwandt.

RUSSISCHER SEKTOR

I

Wie schön das war, Leben, als noch alles im argen lag.
Verfallene Häuser, Matratzen, die unter Birken schwelten.
Eine Kindheit vor Dresden bis zum Einmarsch in Prag...
Und der Traum restaurierte, was draußen fehlte.

Solche Ferne auf engstem Raum. Grauzone morgens,
Das fing auf der Netzhaut an, im vernebelten Denken.
Hier geboren sein hieß nicht, man war hier geborgen.
Am Polarkreis, wer lebt da gern? Tschuktschen, Ewenken?

Staub oder Dunst oder Ruß – das Gemüt, früh bedrückt
Von der Landschaft in Bleisatz, dem Graudruck ringsum,
Federt spät erst wie Tundra, gefrorener Boden, zurück,
Bis als letzter der Zeugen das Gedächtnis verstummt.

2

Du lebst nun wieder da, wo jener Gruselfilm begann.
Ein Fitneß-Studio, Hinterhof – hier lag die Seufzerbrücke
Zu einer Unterwelt, wo Polizisten jeden Punk zerpflückten.
Geblieben ist das Schienennetz, die gelbe Straßenbahn –

Wenn auch die Wagen für Computer und Kosmetik werben.
Dieselben Häuserfluchten, doch der Alltag schäumt, brandneu.
Quer übern Alex schreitet, zwischen Lottobuden, ein Barsoi.
Getüncht das Einheitsgrau, verputzt die schroffen Mauerkerben.

Die Müllabfuhr kommt pünktlich. Dem System sei Dank,
Heißt Schlendrian nun Streik. Die Stadt platzt aus den Nähten.
Wo sich vorm *Intershop* die Phantasien im Leeren drehten,
Blitzt jetzt die Glasfront einer großen deutschen Bank.

3

Nicht ins Grüne fährt man mit dem Rad hier. Der Asphalt
Führt von selbst zu Plattenbauten. Hinterm Haus entspringt
Ferner Osten. – Die von Gulag-Flüchen widerhallt,
Rußlands Weite, um Berlin gelegt wie Schukows Ring.

Fest verschlossen ist die Haustür nachts. Am Schlüsselklang
Blind erkennst du dein Revier. Das Weiße da, die Hand,
Gleicht im Mondlicht einem Taschenkrebs mit seinem Fang.
Nein, kein Salzsee glänzt, ein Spielplatz dort mit kaltem Sand.

Und der Blick, der auf die Erde fällt zuweilen, in Gedanken,
Reicht nicht zu den Müttern, zu den Regenwürmern nur.
Wetterfest im Park die Monumente – nichts zu danken,
Raunt ihr bröckelnder Beton. Geschichte, falsche Spur.

FÜR DIE LIMBISCHEN ARCHIVE

Nun gehst du sie bewußt, die alten Vorstadtwege.
Das Licht hat sie, der Arrangeur, zurechtgehext.
Hier lernte man, mit Augen weit, beiseite legen,
Was im Gedächtnisgroßraum wächst und wächst.
Barfüßig war man da zu Hause, sah die Schienen
Der Straßenbahn geschmolzen in der Sommerhitze.
Die Knie brannten nachts von Goldruten, Lupinen.
Das war die Kindheitschronik, in die Haut geritzt.

Was nimmt man mit sich in den nächsten Schlaf?
Nicht viel, ein Inbild für die limbischen Archive,
Das sich als Beute in der Ermitage dann findet.
In jedem Bordstein drohend funkelte ein Epitaph,
Das nichts bedeutet hat dem zeitentrückten Kind.
Und heute trittst du hier die Schuhabsätze schief.

KLEINE ODE ZUM DANK

*

Auch ich wuchs auf in einer dieser Wunderstädte,
Die rascher ausradiert sind als gebaut.
Von allem Prunk, was ließ man mir? Das Himmelsblau.

Und je nach Wind und Witterung den hohen weißen
Barock der Wolken und ihr sommerliches Rokoko.
Zumindest dies also: ein familiäres Formgefühl

Für das Zerstörte. Stolpernd über lose Pflastersteine
Von Kindesbeinen an, war man vertraut
Mit einer Welt, der Haß galt als Naturkonstante.

Nicht daß du jemals etwas andres kanntest
Als diesen Mutterboden, ausgeschabt, die Häuserlücke,
Durch die der Reißzahn eines Baggers näher rückte.

Doch welche Freude, wenn ein Unkrautfeld rotzgrün
Der Leere trotzte und sich Spatzen zankten, schrill,
Wo ein Trupp Disteln waffenstarrend Wache hielt.

Wo nichts mehr da war, gab es immerhin doch eins:
Genügend Raum, als stille augenweitende Reserve –
Der erste Schritt zur Unabhängigkeitserklärung.

Allein der Hall, der über weite Aufmarschplätze trug,
Sobald das Kind Reißaus nahm und schlug hin,
Der Länge nach (der Kürze), blutig am Beton das Kinn.

Wie gut das tat, sich aufzuschrammen und am Knie
Den Grind zu reiben, die Trophäe. – Körpergrenzen,
Man maß sie spielend aus beim Schuleschwänzen.

Da gab es Straßen, Landebahnen gleich, so breit,
Daß mancher Schulweg zur Sibirien-Exkursion geriet.
Von wegen Vaterhaus – man sprach von Wohngebiet.

Im kleinen Maßstab lebte man dort als Nomade
In einem Radius, der mit jedem Umzug größer wurde.
Die halbe Klasse wand sich täglich aus Mongolenjurten.

Es waren Bonzensöhne, schlanke Stasi-Töchter.
Die Schulbank drückte man mit einem Bert, dann Ralf,
Dem man im Abitur durch Larx und Menin half.

Man war gewitzt, zum Katz-und-Maus-Spiel früh bereit.
Der erste Sex: die Fummelei im Heizungskeller.
Dann schrie beim Morgensport ein Leutnant »Schneller!«.

Kein Wort zuviel. Und alles war von Zeichen übervoll.
Hormonbedingt: von bloßen Schultern, Hüften, Brüsten.
Es war die Zeit des Kalten Krieges, hochgerüstet.

Ab ovo zähltest du dazu. Dem biologisch Angepaßten,
Am falschen Ort zur falschen Zeit, was nützte ihm
Die Eins in Geo – ohne Flügel oder Kiemen?

Im Fach Geschichte lernte man, sich abzufinden.
Daß alles kommen mußte, wie es schließlich kam, und so
Nahm auch der Nachwuchs munter Platz im Zonen-Zoo.

Wie seltsam froh du warst, betäubt von Anfang an,
Der Zeit entrückt, in einem Wartesaal (*espace énorme*).
Die Atemluft, nach Jahren wirkte sie wie Chloroform.

Zum Glück, um aufzutauchen gab es die Umgebung
Mit sanften Hügeln, Rebenhängen wie seit eh und je.
Nur unten widersprach ein trüber Strom der offnen See.

Dann ging es fort, landeinwärts, über kollektive Felder,
Und Heimat hieß in Krähendeutsch dort k-a-h-l.
Wo nichts war weit und breit, stand doch zuletzt ein Pfahl.

Und dieser Pfahl ist es, vor dem ich mich verbeuge,
Weil er den Raum bewachte, unnahbar, und ließ als Naht
Den Horizont, brutal gesteppt mit Stacheldraht.

(Nochmal der Pfahl: bis heute steht er mir vor Augen.
Vierkantig, streng und sinnlos, ein Relikt
Aus einer Zeit, die im Gedächtnis weitertickt und tickt.)

Auf keiner Karte liegt die Gegend, traumverschlungen,
In der das Kind verschwand, der blasse junge Mann,
Wie aus dem Sprachgebrauch der Märchenton *Im tiefen Tann…*

Da irgendwo muß es gewesen sein, in einem Wald-
Versteck aus Sand und Heidekraut und Kiefern,
Daß man wie Rip van Winkle seine Gegenwart verschlief.

Dafür mein Dank. Von ganzem Herzen sag ich danke
Für eine Welt voll seltsam surrealer Härten,
Für eine Zukunft, die nie eintrat, eisern ausgesperrt.

**

Auch ich wuchs auf an einem dieser Knotenpunkte
In Alteuropas Streckennetz. Der Ort, wie jeder weiß,
War aus der Luft gut sichtbar, degradiert zum Abstellgleis.

Als ich dazustieß, war das Schlimmste schon vorbei.
Die Alten, manchmal schauten sie verklärt zurück
In eine Zeit, da Katastrophe hieß: »Das Eisenbahnunglück«.

Längst freigeräumt lag nun das Areal, geheimnislos.
Vom Hauptbahnhof ins Zentrum schwankten Kosmonauten
Mit Einkaufsnetzen still vorbei an Plattenbauten.

Wer hier den Helden spielen wollte, kam zu spät.
Im Dunkeln prallte er auf lauter Kuben, Quaderkanten,
Die er bei Tag als Kaufhaus, Klub und Kino übersah.

Nicht viel geblieben war von der kommoden Residenz.
Den Rest von Anmut hier und da zu sehn, tat weh
Wie unter Logikern die Formel »Weder A noch B«.

Die Stadt am Fluß mit ihren weißen Ausflugsdampfern –
Lud jeden ein, der aus enttäuschter Liebe kurzerhand
Ein Loch in diese Ansichtskarte brannte.

Wie viele Löcher gab es da – und nicht nur im Asphalt.
In Mauern, im Gedächtnis, manche tief genug,
Um einen Neuling sang- und klanglos zu verschlucken.

Auch dafür Dank. Warum nicht dankbar sein für jeden
Schlitz in der Leinwand, der die Illusion verwehrt?
Blieb in den Großen Ferien nicht die Tafel leer?

Dank für die Lücken zwischen Haus und Haus, den Aus-
Blick aus sozialer Enge, für den Durchzug stellenweise.
Für meine halbe Kindheit in der Einflugschneise.

Für alle weißen Stellen Dank, und Dank für ihr Pendant,
Die Schwarzen Löcher aus dem Astro-Unterricht.
Für alles Dank, was diesen Hauptfilm unterbricht.

Denn einmal war es überm Kraftwerk dort der Mond,
Der allen Fürstenglanz für sich gepachtet hatte.
Wahrscheinlich lag auf seiner fernen Silberplatte,

Was unten fehlte, wohlsortiert als Diebesgut.
Und seine Krater waren schöner als die Parkplatzwüste,
An der ein Kirchlein seine Ohnmacht büßte.

In diesem Licht, das scharf durch die Alleen brach,
Schien vieles möglich – bis am nächsten Häuserblock
Das Morgenrot zum Spruchband sich zusammenzog.

Denn Schrift war härter hier als Stein und Eisenträger.
Sie war, was lesbar blieb durch jede Eierschale.
Das Pochen an die Stirn, der Sieg des Irrealen

Auf breiter Front. Sie half, den Himmel festzunageln.
Schrift war, was noch im Keller Übersicht verlieh,
Die billige Spirale zwischen Hinterhof und Galaxie.

Vom Rathausturm, was sah das junge Räuberauge,
Wenn sich die Nebel legten dort im kahlrasierten Tal?
Den Mehltau über allen Dächern, das *Es war einmal…*

Den Gänsemarsch der arg gerupften Neuen Menschen.
Was war der traurigste Akkord, die wehe Reverie
Gegen die Stadt von oben – als verlorne Schachpartie?

Die Dame futsch, die Springer, sandsteinhellen Läufer.
Geblieben war das Brett, der Schrebergartenrahmen
Um einen Pavillon, bezwingend, gleichen Namens.

Und dennoch Dank. Soll man, betrogen um ein Erbe,
Nicht auch erleichtert sein? War man nicht Hans-im-Glück?
Wohin du kamst, war alles gründlich abgepflückt.

Den Steinen Dank, die wie ein Rest geschlagner Bauern
In Würde schwiegen, wenn sich neureich Wasserspiele
Vor schroffen Blumenkübeln aus Beton gefielen.

Dank auch für ihn, den Alltag, zuverlässig aussichtslos.
Daß man die Sieben Meere wie den Orion vergaß
Beim Himmel-Hölle-Spiel in stiller Einbahnstraße.

Dank für das Eis, das einestags die Brücken sparte,
Den Fluß besiegelnd, für die Brachen, gütig eingeschneit.
Daß du sie früh gezeigt hast, deine kalte Schulter, Zeit.

KINDHEIT IM DIORAMA

Seltsam, als Kind schon zog ihn Erstarrtes an.
In den Museen stand er lange vorm Diorama
Mit den Tieren im Stillstand, natürlich gruppiert
Vor gemalte Fernen, Urwaldszenen und Himalayas.
Wie im Märchen, verzaubert, horchten die Rehe auf,
Trat man im Neonlicht näher mit funkelnden Augen.
Am Schädel des Höhlenmenschen gleich nebenan
Sah er das Loch und vergaß den Keulenhieb
Des Rivalen, den Kampf um die Feuerstelle.
Die ägyptische Mumie hielt Jahrtausenden stand
Mit entferntem Gehirn. Erst beim Schmelzen
Des Ewigen Eises kam dieses Mammut ans Licht.
Die schönsten Schmetterlinge, handtellergroß,
Fand er auf Nadeln gespießt. Einmal schien ihm,
Als ob ihre Flügel noch bebten, wie in Erinnerung
An die gefällten Bäume, den tropischen Wind.
Vielleicht, daß ein Luftzug durch Schaukästen ging.

TURNSTUNDE

Am Morgen hockten wir, als Klasse aufgereiht,
Vor einer Sprossenwand und waren klein
Und hatten Gänsehaut vor Kälte. – »Seid bereit!«

Schrie uns der Lehrer an. Wir nannten ihn *Das Schwein.*
Vor Zeiten war das, Schattenwelt. Ach, so weit fort
Gewünscht hat man sich früh beim Sport.

Nun ist man da: weit fort. Und dreißig Jahre älter.
Das Schwein ist tot. Er starb an Herzinfarkt.
Doch niemals war die Kälte wieder kälter,

Als früh im Turnsaal damals. – »Wer wird stark?«
Der sich am Reck aufschwingt, die Lippen blau?
Der sich zurückzieht in sein Schneckenhaus?

FETISCH

In welchem Hordenlager wuchs man da eigentlich auf
Im Lande Weltkampfgeist, Geschichtsvollendung?
Wie war das damals, Buschmann unterm Roten Stern,
Bei den Tamtams im Namen Thälmanns, den Tribünen?

Es gab den Webstuhl für das Einmaleins, den Abakus,
Der für die Zahlen sorgte, die Schwarzmagierkunst Statistik.
Es gab den Globus, schillernd wie die Haut der Anakonda,
Darauf den größten Flächenstaat im Erdenrund.
Denkmäler gab es aus Beton, des Volkes Voodoopuppen.

Über die löchrigen Straßen knatterte *ein* Autotyp, Trabant
Genannt (ein ungeklärtes Etymon, vermutlich tschechisch).
Der höchste Standard in Maschinenbau und Polymeren,
Doch alle Ethik primitiv (»Der Klassenfeind«).
Ein Krippenplatz für jeden, und die durchgezählte Sippe
Haftet für den Tabuverstoß des Sohnes gegen Lenin,
Den Großen Manitou der Schraubenfresser.

So war das damals, und man staunt noch heute.
Die Erde ausgebaggert nahe Cottbus, Hobby-Funker hielten
Kontakt mit Japan und Australien, Land der Aborigines,
Der Niegewesnen Geister grüßend auf dem Traumpfad.
Die Zeitung hieß Zentralorgan und zeigte Militärparaden.
Der Bonze las die Zukunft aus dem Wodka: Animismus
Auf allen Ebenen. Die Tische schwebten. »Jugendweihe«.
Doch du warst durch mit alldem, durch und durch.

Das Bohrsche Atommodell aus dem Physikunterricht
War eine Schülerarbeit aus Draht und Pappe, Bastlerwerk.
Holzkugeln markierten die Elektronen in Rot und Blau.
Ein Fetisch, fremder als jede afrikanische Plastik.

TSCHAIKOWSKI-ALLEE

Für Markus Lüpertz

Dresden im schlafkranken Tal,
Ein Mauerblümchen zu Sowjetzeiten:
Da bin ich geboren, da komm ich her.
Frag nicht, es gab nie die Wahl –
Gehen und Bleiben, in diesen Breiten.
Darum klingt manches so schwer.

Tänzeln? – Wie das, wo der Fuß
Früh schon in Mammutspuren versank?
Sirenengesang war das Wiegenlied
Aus Grimmschen Märchen, Kiewer Russ
Und Völker, hört die Signale. Schwankend,
Keiner entkam dem Tiefdruckgebiet.

Elbe, der Strom hielt ihn fest,
Den Romantiker in der Straßenbahn.
In Schneewehen schlafend, mancher erfror.
Mancher fiel, flügellahm, aus dem Nest.
Doch nie mehr sah ich Tschaikowskis Schwan
So vollendet zittern wie dort.

HIPPOCAMPUS

> »– O ma mère Intelligence«
> Paul Valéry

Erinnerung, scheue
Freundin, welches der Fenster
Öffnest du heute für mich?

Zu den unmöglichsten Zeiten
Zeigst du, entziehst du dich mir
Dort im milchigen Licht.

Alle Milch war versiegt,
Als sie zum ersten Mal kam,
Und ich schaute ihr nach.

Mutter, da fing es an,
Daß sich die Welt um mich her
Zu verschleiern begann.

Wort für Wort ging es fort
Seither, wenn Erinnerung rief
Nach draußen, nach draußen.

Verschleiert ist alles seither,
Und Bewußtsein das Loch,
Hin und wieder behaucht.

Im Innersten aber wuchs
Etwas Unbekanntes heran, das
Wie ein Seepferdchen sprang.

GLOCKENBLUMEN

»Der Dresdener Schlachthof vergleichsweise…« –
Die Zeile springt mich aus einer alten Novelle an.
Dort fand der Großvater Arbeit zwischen den Kriegen.
Jeden Morgen ging er in sein modernes Inferno.

Ein halbes Leben lang so vor den Rinderhälften,
Aufrecht stand er, die Schürze blutbeschmiert.
Ein kleiner Mann im Lärm der Tötungsmaschinerie,
Ungerührt, wenn das gekeulte Vieh in die Knie sank.

Da half kein Geschrei. Der Mensch, wenn er hungert,
Wird sauer, das wußte er, und kommt auf Gedanken.
Er kam nie auf Gedanken, und Politik ließ ihn kalt.
Herrlich unirritiert war er, rundum affekt-, interesselos.

Erstaunlich, der Stoiker, mein halbes Leben lang tot,
Selten fällt er, markant wie kein anderer, mir noch ein.
Er, der Sippe Balladenton, der genetische Kehrreim.
Nachts manchmal weiß ich, wie alles zusammengehört.

Ein Leben in Zeitlupe: Maloche und Monotonie,
Wie endlose Vorstadtstraßen, und irgendwo biegt man ab.
Ein Blick in den Hinterhof zeigt, wie es weiterging.
Brandmauern, von Efeu umstrickt, im Halbdunkel Farne.

Von weitem schon sah ich ihn, aus dem Fenster gelehnt,
Tätowiert die stämmigen Unterarme auf einem Kissen.

Stundenlang saß er so, neben sich auf der Brüstung
Das Blau der Glockenblume aus den Karpaten.

DIE WACHTEL

Ach Großmutter, so nah am Wasser gebaut –
Beim Abschied riß sie mich jedesmal an sich
Mit der plötzlichen Kraft der Ertrinkenden,
In ihrer Blumenschürze eine so kleine Person.

Wie bestürzend rasch all das vorüber war,
Die Jahre der Rosenzucht, Jahre am Spülstein.
Sie war die Agile, die Schwatzhafte, Zärtliche.
Als sie starb, war ich wer weiß wie weit weg.

Dieses Ach aber, überhaupt jede Art Seufzer,
Wurde in ihren Kreisen geradezu kultiviert.
Welche Kreise? Die Damen vom Rommé-Club,
Das Kaffeekränzchen jeden Mittwochnachmittag.

Sie schämte sich immer der Stunde Null –
Als Frau, der Russen wegen, ihrer Befreier.
Spätnachts hatten sie ihr die Tür eingetreten.
Die Kinder waren zum Glück auf dem Lande.

Diese letzten Tage des Krieges, sie blieben
Versiegelt ein Leben lang, unter Verschluß,
Wie in der Kommode unten das Bündel Briefe,
Die fleischfarbnen Wäschestücke der jungen Braut.

Fünfzig Jahre lang hielt das Familiengeheimnis.
Kein Sterbenswörtchen, erst kurz vor dem Ende,

In den Wochen der Krankheit packte sie aus.
Großmutter, eine geb. *Wachtel* aus Schlesien.

Die Wachtel, ein Speisevogel zu Goethes Zeiten –
Es hieß, das kommt bei uns nie auf den Tisch.
Heute noch zucke ich manchmal zusammen,
Schwärmt man von Wachteleiern als Delikatesse.

Oder ein Wort weht herüber, eine brüchige Silbe,
Die einen schwach macht, weil sie so vieles enthält.
Überhaupt, die Erhaltungssätze der Sprache…
Dasselbe *Ach* in Fachwerk wie in Kasachstan.

So nah am Wasser gebaut, ich kann sie noch hören,
Ihre Seufzer – die tiefen, die lebenssatten,
Und jene schwachen, behutsam eingeschlagen
Wie in Seidenpapier zwischen zwei kleinen Lachern.

GOTHA

Den einen Flügel hatten sie ihm schon entfernt.
Und immer noch zerriß ihn der Husten. »Mein Junge:
Wenn die Lunge ein Fußballfeld ist, wie sie sagen,
Dann bin ich nun im Strafraum angelangt.«

Er war der Herr der schwarzen Sprüche, der Sarkast.
Schachspieler, von ihm habe ich die Rochade gelernt.
Wer verlor, bekam eine Kopfnuß, das zwiebelte schön.
Ich freute mich immer auf seine trockene Glatze.

Er zog dann den Nacken ein wie vor einer Erschießung.
Sein leises Schnaufen, wenn er ein Patt kommen sah.
Nach der letzten Partie wurde der Tisch freigeräumt
Für sein tägliches Ritual: das Falten der Taschentücher.

Aufmerksam sah ich ihm zu, wenn er röchelnd innehielt.
Auf den Händen die Altersflecken, ich hatte sie gern.
Komiker auch, er konnte echt mit den Ohren wackeln,
Zur Gaudi der Enkel, die davon nie genug bekamen.

In den Zwanzigern, als er jahrelang Stempeln ging,
Wurden stets ein paar Groschen für ihn beiseite gelegt.
Zigarettengeld – bis Hitler kam, dann ging es bergauf
In der grünen Uniform, in Thüringens Polizeidienst.

Die Stadt hieß Gotha, bekannt durch den Adelsspiegel.
Die Stämme der Edlen, die Blaublüter Deutschlands

Sind da verzeichnet wie im Zuchtbuch die Pferderassen.
Keiner aus seiner Sippe, der unseren, fand sich darin.

Es war in Gotha, wo er den Aufstand probte, im Dienst:
Kein Benzin mehr für Herrenreiter und Goldfasane!
Es war in Gotha, wo ihn die Schande ereilte, der Sturz
In den *völkischen* Strudel aus Gehorsam und Renitenz.

Dann sah er den Untergang Dresdens – aus der Kaserne,
Zum Wehrdienst untauglich, und dennoch bewaffnet.
Schließlich die Schlacht um Berlin, er steht an der Wand,
Von einem Rotarmisten begnadigt in letzter Minute –

Der grünen Uniform wegen. So sah kein SS-Mann aus.
Weh ihm, das Leben war ihm nicht freundlich gesinnt.
Auf Stiefeln durch Wald und Steppe, über Autobahnen
Ging es nach Rußland, mit einem Granatsplitter im Fuß.

Weh ihm, die Bitterkeit hat ihn nie mehr verlassen.
Das Ding blieb im Körper, solange er lebte. »Es wandert«,
Klagte er manchmal und zeigte mir seinen nackten Fuß.
Nur seltsam, von außen war nichts zu sehn, absolut nichts.

Er aber hatte zu vieles gesehn in den Jahren des Krieges.
Keine Wiedergeburt, der Rest war dann Rollenspiel:
Schwarzhändler, Schmuggler, als Kellermeister zuletzt
War er die Seele der einzigen Wermutfabrik des Landes.

Ich hatte ihn gern, seinen trockenen Witz. Jeden Sonntag
Pilgerten wir zum Bahnhof, das Schlachtvieh betrachten.

»Die armen Schweine, alle auf Gruppenreise«, sagte er,
Einer von vielen Deutschen, seit Luthers Zeiten frustriert.

VIEUX SAXE (EINE PHANTASMAGORIE)

Augen zu, und auf der Elbe siehst du, Richtung Pillnitz,
Augusts Prunkgaleere mit dem Bug wie ein Delphin.
Zwanzig Ruder tauchen lautlos in die Flut. Auf seinem Sitz
Unterm Baldachin aus reichem Schnitzwerk ahnt man ihn.
Pfauengondeln schaukeln in der Kielspur. Zum *Canal*
Wird der deutsche Fluß an einem goldenen Oktobertag.
Dann die Ankunft, Tau geschlungen um den roten Pfahl,
Der im Elbschlamm steckt, wie vom Rialto hergetragen.
Wellenschwappen, Rufe… Venezianisch stilgerecht,
Langsam dreht der Bucentaurus bei, legt langsam an.
Kleine Boote folgen ihm, zuletzt ein blaues Schiff aus Blech.
Augen auf, da liegt das Lustschloß, würdig eines Kublai Khan.
Ein Ensemble von Pagoden: Teehaus, Pavillon und Schrein.
Auf der Sandsteintreppe, bleich im Reifrock hingegossen,
Grüßen Frauen ihren Fürsten (jede kurz mit ihm allein).
Schweizergarden salutieren in geschlitzten Pluderhosen,
Mit den Lanzen klappernd wie mit großen Heckenscheren,
Vor Volieren und Vitrinen, wo Orangen überwintern.
Alles schwimmt dem einen zu und hört auf sein Begehren.
Nur die Sphingen sitzen ruhig auf ihren Katzenhintern.

Vocis Imago

Regenlaut, von Kindheit an vertrauter,
Lieber mir als jeder menschgemachte.
Weiß genau, warum man Häuser baute,
Aber unter freien Himmeln lacht.

Bild der Stimme bist du, frisches Echo
Erster Sprachen aus dem Wälderrauschen.
Weit zurück reicht das, in Urmensch-Schwäche,
Als die Worte mit den Tropfen tauschten.

Leise, Regen. Nein, schwatz lauter, lauter.
Seh im Strömen, wie sie früh erwachten.
Bin nach jedem Guß der Welt vertrauter.
Höre, was die Höhlenflüchter dachten.

II

PARISER EUPHORIE

*

Herzklopfen wieder beim Anblick von Notre-Dame…
Dort inmitten der Seine liegt, ein gotisches Urfisch-Skelett,
Strahlend weiß, was dem schwärzesten Mittelalter entkam,
Bis zum kleinsten Knöchel komplett.

Herbstklar der Himmel, und den Kopf in den Nacken gelegt
Vorm Portal, packt einen Schwindel unter dem Riesen-Türkis
Der Rosette – dem Schwungrad, das alles ringsum bewegt
Hier im Freilichtmuseum Paris.

**

Neunter Oktober: Die Glocken läuten für St. Denis,
Den lokalen Märtyrer. Ein Name, der in der Luft liegt hier –
Die so makellos klar ist, fast gläsern. Daher die Euphorie:
Jeder Augenblick frisch filtriert.

Paris atmet auf. Im Jardin Luxembourg keine Bank unbesetzt.
Etwas streicht da, ein Narkotikum, über Kieswege, Wiesen.
Es ist, als dehnte die Hirnhaut sich mit dem Straßennetz
An einem Stichtag wie diesem.

***

Immer im Herbst der Gedanke: wie schade um alles,
Das nicht mehr wiederkehrt, wenn du selbst nicht mehr bist.

Es beginnt mit dem Urknall – Leben, und endet im freien Fall.
Wie locker die Tränen längst sitzen.

Auf zum Rundgang, Flaneur. Dem terrestrischen Exilanten
Wird Paris zum Asyl. Boulevards, Brasserien, auf sie ist Verlaß,
Die Bouquinisten am Quai, wo manch druckfrischer Band
Seit Jahrzehnten ungeöffnet verblaßt.

WARUM WIR IN TURIN SIND

Für Norbert Miller

Arkaden, kilometerlang, und jemand anders geht
In dieser Stadt der Doppelgänger deine Schritte.
Der rauhe Wind, der zwischen den Boutiquen weht,
Wühlt sich ins Haar der Bettlerin, schluckt ihre Bitten,
Das »Gu-ru-gu« der blinden Taube ihr zu Füßen.
Die Droschkengäule? – Alle tot. Den Philosophen,
Der hier zusammenbrach, wird man verstohlen grüßen.
Denn kein Erbarmen blieb nach all den Katastrophen.
Nur große Oper – solche, die von seinem Logensitz
Der Alte Schnauzbart vom Balkon herunter sah.
Es ist sein Geist, der uns im Nacken sitzt, gewitzt,
Hier in Turin. Mit seinem Schädel zum »Do-re-mi-fa«
Schlägt er den Takt, der Ohrenzeuge, lautlos kichernd.

Warum wir hier sind? – Weil uns dieser Überspannte
Verlockt hat. Oder anders: um uns zu versichern,
Daß man auch heimisch werden kann im Ausland.
Wir sind nicht weise, klug wie er, auch wenn die Bücher,
Die jeder schreibt, denselben blinden Fleck umkreisen.
War es nicht hier, wo man, gedruckt auf braune Tücher,
Das Antlitz kaufen konnte christlicher Verheißung?
Hat man verstanden? Oh, man hat. Denn in den Augen
Der meisten glänzt, schnell unterdrückt, das gleiche
Spontane Mitgefühl. Die städtischen Polypen saugen
Uns aus bei Tag. Nur abends sind wir zu erweichen.

Rhapsodie in Midtown

Für Michael Eskin

In solchen Häuserschluchten schrumpft das Herz,
  Und sein Besitzer fühlt sich schrecklich klein, bedroht,
    Zu schwinden wie der Rest Bordeaux am Flaschenboden.

Wie leicht verdunstet hier ein stolzes Ego. Nur »Idiot!«
  Bleibt ihm als leiser Toast, sich selber aufzumuntern.
    Auch ohne Flachmann geht es hier mit der Titanic unter.

Ein Blick nach oben aber gibt ihm Halt. Im Blauen
  Kommt die Gedankenflucht zur Ruhe. Eine Wolkenbank
    Hält in der Höhe ihn – den heillos Tiefenkranken.

Dann regnet es. Und da, am Fuß der Riesenbauten,
  Steht er auf dampfendem Asphalt, zurückgeschraubt,
    Und sieht, vor einer Glasfront flügelschlagend, eine Taube.

Ihr Flattern, so vergeblich, klingt nach dem Applaus
  Im Opernhaus, zehn Blöcke weiter heute abend,
    Wo sie Aida bei lebendigem Leib im Steinverlies begraben.

Midtown – ein Mausoleum. Aber hoch hinaus
  Steigt ein Gesang aus Arien, Dschungellauten, Straßenlärm
    Quer durch das Hupkonzert der gelben Taxi-Schwärme.

Freudlose Gegend aus Büros und Grandhotels und Banken.
  Kaum dämmert es, rollt schwarzer Samt in langen Bahnen
    Die Mauern abwärts, aus Antennen werden Wetterfahnen.

Müllsäcke überall. Unheimlich, wieviel *junk*
　Ein Tag so anhäuft in Manhattans Kathedralenmitte.
　　Bei Nebel, grau im Sprühlicht, gleicht sie – Gotham City.

Klar, daß hier mancher sich wie Batman fühlt,
　Im stillen Frauen rettend, Allmachtsphantasien kostend.
　　Dann fährt das Herz im Brustkorb heimlich Paternoster.

Und um die Schläfen rauscht Atlantikwind und kühlt
　Das Aggregat Gehirn, die einzige Instanz auf Erden,
　　Die alles aufwiegt, was den Körper je beschwerte.

Wenn sie es will, momentlang, setzt die Schwerkraft aus
　Beim Blick auf *Chrysler Building*. Hier der Rinnstein-Zoo –
　　Und da die Königin der Wolkenkratzer, Art déco.

Zu ihren Füßen kauert keine Sphinx. Vor keinem Haus
　Sieht man Atlanten, Säulenträger, wie sie halb Europa kennt.
　　Nurmehr Fassaden, Stahlbeton, Verbrechen, Ornament.

Und das in Groß, gesteigert, hoch hinauf getürmt,
　Ein Cineastentraum – und doch, mit all den Vertikalen
　　Wächst ein Verdacht: so muß es sein im Bauch des Wals.

Wie nah das Meer ist, weiß man wieder, wenn es stürmt,
　Und Seegang packt die Avenues und Straßen. Blankgefegt
　　Legt der Asphalt sich auf die Seite wie kein Tankerdeck.

Dann hilft der Sprung in einen Lift nur, himmelwärts…
　Vom Dach die Aussicht. Schwarz, vor der Gewitterwand
　　Steht New Yorks *skyline*, scharf gezackt, als Kardiogramm.

Und unten greift, wer weiß, sich einer grad ans Herz.
  Er schaut hinauf, die Blicke kreuzen sich, ihm schwindelt
    Wie einem, der das Schildchen *Exit* nicht mehr findet.

Wer sind die dort? Durch die Schraffur kaum noch zu sehn,
  Mit ihren Regenschirmen Unbekannte, reißzweckklein
    Gegen den Wind geneigt wie auf dem Holzschnitt Hokusais.

Die Logik von Nova Saxonia

I

Ungelenk, eine Schrift in der Wildnis, vom Flugzeug aus lesbar,
Autograph eines Jägers, hungriger Fluch im dunkelsten Grün,
Fängt eine Stadt hier mit einem Rollfeld an – draußen,
Wo der Elch sich bereit hält. Ein Jahrhundert danach
Oder anderntags, nach dem Tod des Letzten der Mohikaner,
Sind die Häuser statistische Säulen in einem Lehrbuch, Signal,
Wie vom Lärm angelockt, das gesammelte Leben
In tausenden Lichtern blinkend sich bricht –
In den Pupillen Gretchens, die müde heimkehrt vom Strich.
Alles, in diesen Boden gerammt, schießt in Stockwerken hoch,
Wie im Zeitraffer aufgetürmt, ein Ensemble aus Quadern
Mit Raum für Büros, Röntgenkammern, Nachtclubs, Tresore.
Von ferne hybrid, pyramidenhaft aus den Himmeln geschnitten,
Sind es aus nächster Nähe dem Fröstelnden windige Korridore,
In deren Tiefen das Selbstgespräch leerer Ecken verstummt.
Eine Stadt, nachts um eins, gleicht einem Kühlschrank von hinten,
Dem Aggregat aus verschlungenen Röhren, dem schroffen Grill.
In jedem Fach steckt ein Mensch, erkennbar als Schatten,
Hinterm Fenster die Zähne putzend. Vom höchsten Turm
Fällt der Blick, aus dem Cockpit rotierender Restaurants,
Durch die Maschen im Straßennetz, die löchrigen Meilen,
Von denen der Schädel brummt. Er mißtraut diesem Summen
Von den Bildröhren rings, von Küchengeräten und Registrierkassen.

Schlaflos hält hier der Fremde im Hotelbett die Stellung,
Mit dem Koffer flüsternd, von den Spiegeln zum Paßbild fixiert.

Bis auch er jede Stuhllehne kennt und errichtet im Traum
Ein Monument für den Rechten Winkel, den Obelisken
Für den jüngsten Sieg im euklidischen Krieg.

II

Doch sofort scheint Umkehr möglich, ein Zurück auf dem Pfad,
Den ein Flüchtling bahnte, ein Pelztierjäger, ein Missionar,
Allein durchs Gestrüpp, jeder Schneise voraus, in der eigenen Spur,
Schottische Erde im Beutel, im Gesangbuch ein deutsches Lied,
Proviant für die Reise in eine Wildnis, in der nichts familiär,
Weniges heimatlich war. Aber tauscht nicht der Landvermesser
Gegen Flüche ein seine Sprache, gesammeltes Schweigen?
Wo kein Märchen zuvorgekommen war, keine Lichtung,
Bereitet von Kräuterweiblein, den zottigen Träumer herbeirief,
Half nur ein Schuß, sich zurechtzufinden, die Kerbe im Stamm.
Immer noch fliegt da, husch, zwischen Fichtenschatten,
Die Mütze aus Waschbärenfell, und im Knacken der Zweige
Ahnt man den Schrei des Fallenstellers, der in die eigene Falle ging.
Dort also lag er dann, kalt, bis zur Auferstehung im Stummfilm.
Rumpelstilzchen, der Name tat nichts zur Sache, und überdies,
Hieß er nicht Daniel Boone?
                              Heut sind es wieder die Wetter,
Die in die Ahornrinde indianische Runen ritzen, flußaufwärts.

Ganz ohne Geister einhergehen Regengüsse und Stürme
An einer Bucht, wo Wacholder die glasscharfen Wellen kämmt.
In klamme Pferdedecken gehüllt, schwer zu erraten im Nebel,
Sind dies da Wipfel, Wagenkolonnen, wandernde Zelte?
Alles scheint wieder unberührt. Wie *vor* der Verwandlung
Durch Wurfspeer und Motor sind die Flüsse jetzt stumm.

Kein Käuzchenruf schneidet den Weg ab. Auch ohne Feuer
Sieht man meilenweit Rauch, und die tückischste Spur
Ist der weithin glitzernde, metallic-silberne Luftballon
Überm Stellplatz des Autohändlers, der keine Krähen mag
Oder Kunden in Kriegsbemalung.   War, aus der Luft
Gegriffen, die rote Reklame für ein Erfrischungsgetränk
Nicht genauso indianisch wie gewisse Tattoos? Was bedeuten
Am Highway die Tiersymbole, die Pflanzenzeichen im Fels?

III

Und plötzlich wohnt man am Ende der Straße,
In Nestern, die Bethlehem heißen, Ithaka oder Canaan.
Beneidet den Maulwurf vorm Haus, blind unterm Rasen,
Stimmt morgens schon das lokale Wolfsgeheul an.
Vox clamantis in deserto... Auch am Rande der Welt
Lodert so manche Ehehölle, wird manches Küken gezaust.
Häuser, deren Preis mit jedem Mord in der Nachbarschaft fällt,
Drücken sich tief in den Wald, brüten Einsamkeit aus.
Und einsam ist vieles hier. Selbst die Kirche im Dorf,
Des Wartens müd, nimmt gern Vorlieb mit Biber und Reh.
Den Friedhof – hat der Bestatter selber entworfen.
Tankstellen ersetzen der Jugend die Champs-Elysées.
Am Postamt, um das Denkmal des toten Bürgerkriegers,
Kümmern nur Hunde sich, und das trockene Gras.
Warst du das nicht, der dort aus dem gelben Schulbus stieg,
Der Junge, der heimlich im Bett seinen Lederstrumpf las?

IV

Seltsam genug, was hier vorgeht. Daß manchmal der Wald
Langsam aufrückt, finster wie einer der Streifenwagen,
Deren Blaulicht verheißt: In der Luft liegt Gewalt.
Worauf Mensch und Waschbär sich in die Büsche schlagen.
Finster das Motto, das auf jedem Nummernschild droht:
»Leb frei oder stirb.« Man hört von Familien,
Die Daddy, der Freiheitsheld, auslöscht beim Abendbrot.
Ja, die Toten sind frei — wie auf dem Felde die Lilien.
Ein sauberer Landstrich, so muß es aussehn da drüben…
Am ewigen Sonntag, mit schmucken Städtchen wie diesen,
Mit Fabriken, die können kein Wässerchen trüben,
Und Kirchen, die täubchenweiß in den Himmel sprießen.
Unheimlich nur, daß so viele scharf geladen sind, Waffen,
Schönheit hier wirklich der Anfang ist allen Schreckens.
Fragt sich, was hat Jesus mit *Mary's Giftshop* zu schaffen,
Warum der Kaffee dort nach Maschinenöl schmeckt?

V

Lieblich sind die kleinen Tiere hier, Begleiter
Durch den quadratierten Tag, den Stundenplan.
Wirrkopf Squirrel, überall der Wegbereiter,
Schaut den Gast wie ein Kumpan von drüben an.
In den Bäumen schaukelnd, jagen sie einander,
Zucken mit den Schwänzen wie die Zirkuspferde.
Mutter Feldmaus inspiziert gern die Veranda,
An den Pfötchen noch die frische Friedhofserde.
Hinterm Haus im Wildbach zanken Mrs. Mink
Und Sir Otter um den Titel Bester Taucher.
Endlich weiß man auch, wie so ein Stinktier stinkt,
Hört die Katzen nachts wie junge Pumas fauchen.

VI

Wie hatte das angefangen, dies Zwielicht aus Märchenzeit,
Bankrotter Geschichte und jenem scharfen
                                        puritanischen Glanz
Auf jeder Türklinke hier, jedem Wetterhahn, jedem Sheriff-Stern?
Glanz, den die Rasensprenger verschenkten als Schmuck
An die Mädchen, nabelfrei, auf ihrem Schulweg am Morgen.
Metallischer Schimmer der Krähen, über den Rasen stolzierend
Als Privatpolizisten, Brillantine im schwarzen Gefieder.
Gleißendes Chrom der Feuerwehrkisten, auf Hochglanz polierte
Mobile für den lokalen *Deus ex machina.*
                                        Benjamin Franklin,
Erfinder des Blitzableiters, Bonhomme und Ambassador,
Wahrer des Hundert-Dollar-Scheins, was ging hier vor?

Was pfiffen die Falken da von den Türmen, die Hamster
In den Maisfeldern nachts, daß so mancher schlecht träumte?
Träumte von Tieren, plattgefahren zum Wappenbild im Asphalt,
Von Schrottplätzen tief im Wald, wahren Chevrolet-Hainen,
Fichten, verstört im Scheinwerferlicht, angeschossenem Wild.
Immer stand da, am Ende der Straße, ein letztes Nein.
Ein Warnschild, bibelfest, eine Strafandrohung –
Lud die Unfrommen zum Fürchten ein.

VII

In der Luft dieser Wälder und Seen –
Sir, ich weiß, es ist schwer zu verstehen,

Sah man Etwas mit Etwas gepaart…
Eine Logik ganz eigener Art.

Hier aus Fichten ein Ältestenrat,
Da die Spinne, was spann sie nur? Draht.

Unterm Laub schmal die Sägemehlspur,
Allerorts raunt es: Vorsicht, Natur.

Was da winselt? Die Katze im Sack.
Und ein Specht repetiert »Tak, tak, tak«.

Auf dem Postamt, in rauhem Granit,
Thront ein Adler, der alles sieht.

Groß die Himmel, doch unten versinkt
Tief in Scham ein Wesen, das trinkt.

Leicht vom Weg ab kommt, wer vertraut
Auf die uralten Zeichen als Scout.

Hinterm Hügel den Telephonmast
Tarnt ein Baum, der zur Gegend nicht paßt.

Weidezäune, und verlassen im Schnee
Steht ein mausgraues Kanapee.

Wie im Malbuch verwunschen die Farm
Wartet lang schon auf Feueralarm.

Manches Haus hier sieht aus wie ein Sarg.
Eine Lichtung – und plötzlich: *it's dark.*

Schrift und Landschaft erinnern daran,
Jedes dritte Indianerwort mahnt –

Henry Hudson, was habt Ihr getan?

VIII

Aber fremd, was war schon fremd hier, wo alle Fremde sind?
Und seßhaft ein Wort ist, das im Gespräch aufhorchen läßt
Wie ein exotisches Hobby, eine seltne Gemütskrankheit.
Den Birken im Sumpf war es gleich, wer da täglich vorbeifuhr
Auf Motorrädern, die einmal Mustangs waren, in Caravans
Oder Umzugswagen, bis übers Dach mit Möbeln bepackt.
Zugvögel sind sie hier, ihr Kompaß der ideale Mond,
Derselbe, der über Sachsen einst stand und Oslo, Odessa –
Von dem die Großmütter sagten, er sei ihnen hierher gefolgt.

Derselbe und doch nicht derselbe, ein anderer immer…
Der sich entzieht beim Fahren. Was denn, wandert der Mond?
Erst der Indianersee bringt ihn zur Ruhe, dort spiegelt er sich.
Und wie im Thriller beherbergt die Hütte aus Fichtenstämmen
Ein Teleskop, das die Räume zusammenrafft – während Zeit
Nurmehr Nostalgias gebiert in den Siedlungen von morgen.
Darum die Abende am Kamin, wo in der Glorie Aschenglut
Das Gedächtnis auflebt der Lagerfeuer und Wagenburgen.
Lang sind die Schlangen vorm Museum der Mobilität.

IX

Ach, wie vieles begann hier im Namen des Bibers.
Dies fleißige Tier trägt, nicht wahr, an allem die Schuld.
Lang vor der Schrift hat sein Zahn die Bäume beschrieben.
Sein Fell entfachte das Fieber, die sündhafte Ungeduld,
Die den Christen erfaßte hier drüben. Dieser erste Apostel
Der Wildnis – unbewußt hat er die Uhren gestellt.
Nun steht auch er, tief im Busch, auf verlorenem Posten.
Und überall tickt es, summt, wie die Leuchtschrift »Motel«
Nachts am Straßenrand, querfeldein der Elektrozaun.
In den Fenstern, bedrohlich flackernd, das Fernsehlicht
Sorgt für das Abendquantum an gewöhnlichem Grauen.
Tröstlich, daß nebenan ein Reh durchs Unterholz bricht.
Was aber ist aus den Herren des Waldes geworden?
Dem Entenjäger im Kanu, der sich im Schilf versteckte,
Dem Medizinmann, den jungen Athleten vom Biberorden.
Krieger waren sie, *chiefs*, doch keiner galt als Entdecker
Des Landes, das sie durchstreiften auf leichtem Fuß –
Desselben, auf das die andern mit Inbrust sich stürzten.
Durch den Traum manchmal hallt ein Musketenschuß,
Der sekundenlang die Entfernung zum Anfang verkürzt.

EAST ANGLIA

So bist auch du nun hier angelangt, am flachen Strand einer Küste,
Die niemand erobert als die Eroberer selbst, in ihrem stoischen Grau,
Lange vertraut, Farbe der Bunker, Tarnanstrich stolzer Zerstörer.
Der niedrige Fußsteig, der die Straße vom Meerzugang trennt,
Erinnert an *Blighty*, die Festung, an die Berliner Mauer en miniature.
Alles verblaßt hier, wo das Wasser der Nordsee mürrisch zurückweicht:
Die geschredderten Muscheln, die Feinschliff-Kiesel, der frische Fang,
Den der Fischer auslädt in seiner Hütte. Nun zappeln sie in der Kiste,
Sperren die Mäuler auf, klagen gen Himmel, die possierlichen Haie,
Mit stahlgrauen Kiemen wie Rennwagenkühler. Der alte Seebär,
Befragt, zwischen rissigen Lippen, preßt ein Wort nur hervor: *Dogfish*.
So könnte die Yacht heißen, die draußen vor Anker liegt, schwankend
Wie nachts, auf dem Heimweg vom Pub, ihr abgefüllter Besitzer.
Im Nacken sitzt scharf die Luft, treibt vor sich her scharfe Namen.
Hey Ted! come on! Hey Sylvia, Tom, can you hear me? Schreie,
Vom King-Lear-Wind verschluckt wie das irre Gelächter der Möwen.
Alles verhallt am Beton hier, der trocknet in strenger Novembersonne.
Willkommen, summt der Strommast, am Ufer der Diskretion. Ein Motor
Springt an in der Ferne, wo MG und MI5 im Zwielicht verschmelzen.
Fetzen von schwachem Protest flattern herüber. *No, darling, no…*
Mit den fettigen Zeitungsresten vom Fish-and-chips-Stand am Ende
Der einzigen Straße im Ort, die von der großen Zeit der Freibeuter zeugt.

Am Baltischen Meer

Für Tomas Venclova

I

[Nida]

Das schönste Dorf im ganzen Sowjetreich...
Der Name klingt dem deutschen Ohr nur zu vertraut.
Hier zeigen Dünen, was es heißt: Die Zeit verstreicht.
Imperien sind – wie Nehrungen – auf Sand gebaut.

Was kümmern sie den Elch, den Aal am Grund des Haffs?
Hungernde Truppen überlebt, Raketen, Panzerketten,
Hat dieser Landstreif, für sein Wehrlossein bestraft.
Sein Schicksal – des Soldaten letzte Zigarette.

Die Ruhe trügt. So schweigt ein Sperrgebiet. Der Wald,
Das feuchte Pilzrevier, verbirgt, was hier geschah.
Viel Blut geschluckt hat dieser Boden, nördlich kalt.
Bei all den Birken, wo – war je Barmherzigkeit? »Nie da.«

2

[Am Schlammweg]

Auch dies ein Massaker: der Brei aus toten Mücken,
Am Handtuch klebend, an der Wand – nach der Aktion.
Das Wälderdunkel um die Hütte war bedrückend
Wie das Display, grün schimmernd, deines Telephons,
Noch von der Frage warm »Wie geht's den Kindern?«.
Kein Hexenhaus – fein säuberlich gemacht die Betten,
Doch durch den Traum schritt schwer der Schinder,
Der wieder Schnauzer trug statt Hörner und Koteletten.
Stand er noch immer dort auf dem Balkon in Kleipeda?
In jedem Ohr ein andres Wellenrauschen, schliefen
Wir zwischen Haff und Ostsee ein, den Fischen nah.
Viel Zeit, sich in den Schlamm Geschichte zu vertiefen.
War hier nicht jedes Blatt von Menschenspur durchwirkt?
Im Blau der Heidelbeeren zeigten sich die blauen Lippen
Der Fischer nachts im kalten Wasser. An den Birken
Die Kätzchen waren Judenlocken, und den Kinderrippen
Im Flüchtlingsstrom glich das Geäst der Krüppelkiefer.
Bei Tage sonnte sich im Urlaubslächeln das befreite Land.
Nachts, da wir schwer von Traumgesichten schliefen,
Lag es wie damals brach, vom Völkerkrieg verbrannt.

3

[Memelland]

»… bis an die Memel« hallt es in der Hymne nach.
Es sind die Störche, die beharrlich wiederkehren.
Ob man hier Polnisch, Deutsch, Litauisch sprach –
In jedem Sommer stehn sie da. Nur Rußlands Bären

Warn niemals heimisch hier. Was wirklich fehlt,
Ist in den Synagogen der Gesang des Kohelet,
Der die Trotzkistin mit dem Kaufmannssohn vermählt.
Selbst das Verlorne, das Verwunschene vergeht.

Verfallne Dörfer. Da vom Feldweg, eine Grille, flog
Der Scherenschleifer auf in die Prärien der Neuen Welt.
Mit magren Flanken Kühe, weit und breit kein Trog.
Gottlob, verklungen ist der Reim »… bis an den Belt«.

TOKYO–KOPENHAGEN

Für Yuji Nawata

Da liegt sie, unterm Triebwerk ausgestreckt, im Sund,
Die Brücke zwischen Dänemark und Schweden.
Das Flugzeug sinkt, dreht zögernd eine letzte Runde.
Noch einmal lauscht man, hört Japanisch reden.

Dann hat Europa dich, die rauhe Schöne, wieder.
An ihren Rändern Gischt – da reifen Wellengarben.
Es heben, feingeädert, sich verschlafne Lider,
Und graublau glänzen ihre Augen – ostseefarben.

Weit weg, ein Zukunftstraum, ist nun der Ferne Osten,
Der Greenwich-Zeit, der retardierenden, voraus.
Der Birke gleich am Rollfeld, auf verlornem Posten,
Stehst du vorm Paßbeamten stumm – endlich zuhaus.

SIEBZEHNHUNDERT GRAMM

New York, Pompeji, Melbourne, Moskau … Spree-Athen –
So weit, entlaufner Hund, reicht nun dein Hundeblick.
Dem Alltagslicht, du wirst ihm nirgendwo entgehn.
Wo man vor eigner Haustür kehrt, da heißt es *hic*.

Von wegen Heim: »Scheißnest« stand da am Ahornstamm.
Die Motte frißt sich durch, das Laub schwelt hier wie dort.
Der Hauptfeind, überall, wiegt siebzehnhundert Gramm.
Das Hirn, der Eigentümer, unterwandert jeden Ort.

Ach, in Besitz zu nehmen, was doch niemandem gehört,
Den Raum, der wächst und schrumpft mit dem Organ.
Nachts im Hotel, an dünner Wand, nie schlief man ungestört.
An einem Vormittag schien alle Lebenszeit vertan.

Warum, da keine Wette galt, sprang man wie Phileas Fogg
Auf manchen Zug, wo es doch hieß: In Rhodos spring?
Für den Hydranten, stoisch, hinterm nächsten Block?
Für jene Hochhausfront, in der sich ein Stück Himmel fing?

VON DEN FLUGHÄFEN

Dies sind die Orte, die man zielbewußt passiert,
Und denkt sich nichts und schwebt umher: als wär man hier
Nicht fast schon *dort*. Das Tor zum Himmelreich
War dann ein Flugsteig, den man eben noch erreichte.
Rolltreppen gab es, Reisegruppen wogten hin und her
Durch ein System von Röhren. Alles war Transit, Transfer;
Auch das Bistro für einen Cappuccino auf die schnelle.
Doch nichts hier deutete auf die geheime Schwelle.
Der Blick aufs Paßbild nicht und das Durchleuchtetwerden;
All die Schikanen, Trennungen geschahn auf Erden.
Da waren Schleusen, und man gab den Schlüssel ab, die Uhr.
Die Seele litt, denn jemand fummelte an der Statur.
Im Warteraum, schon unerreichbar, tauschte man die Seiten.
Und zwischen Ankunft, Abflug mischten sich die Tageszeiten
Zu einem allgemeinen Zwielicht, das zum Kaufen animierte.
Der Körper, eh Turbinenkraft ihn wolkenwärts katapultiert,
Vertröstet mit Kosmetik sich, Pralinen, teurem Rum.
Nur Zufall, daß er nicht versiegelt wird, verzollt als Mumie.
Ein Hauch von Babylon weht durch die Hallen. Polyglott
Desorientiert, hat mit den Hinweistafeln mancher seine Not.
An solchem Ort entweicht die Gegenwart wie frische Luft
Und läßt nur Zukunft, die neutral wie Nummern Namen ruft.
Dann sah man sie, durch Panoramafenster groß (O Lord!):
Die Fähre mit den Riesenschwingen, den Transporter.
Die Stewardessen, sibyllinisch lächelnd, abgehärtet,
Die schwarze Bremsspur auf dem Rollfeld. *Viva la muerte.*

III

STROPHEN FÜR ÜBERMORGEN

1

Es ist der vierzigste April, ein Donnerstag.
Das Wetter spielt verrückt, und heiß
Läufts, kalt dir übern Rücken, Kamerad.
Ich bin der Zeuge, nach dem keiner fragt.
Ums Eck die Tankstelle, sie steht verwaist,
Ein Mausoleum für das letzte Emirat.
Die Autos rosten, Busse, Räder abgebaut,
Entlang der Straßen. Ich hab Gänsehaut.

2

Bis in die Fingerspitzen hab ich sie gefühlt,
Die eigne Zeit, die billige, das Interregnum
Der Kleinen Leute. Jetzt ist sie vorbei.
Für alle reicht es nicht, verkündet kühl
Im Nachtprogramm die Elfe und verstummt.
Solange oben, ein Stück Kork, und plötzlich Blei,
Sinkt man hinab, versteht die Welt nicht mehr.
Die Hauptstadt, lichtlos, ein Refugium
Versteinerter Mollusken… Kein Verkehr.
In den Bezirken geht die Leere um.
Und der Erzähler hat, der müde Philosoph,
Den Faden längst verloren und die Frage.
Der Urmensch kehrt zurück in seine Höhle.

Die Amsel, zwitschernd dort im Hinterhof,
Erinnert sehr an Kindheitsnachmittage,
Die lang sich dehnten, zähflüssig wie Öl.

3

Nein, mit Visionen kommt man ihm nicht bei,
Dem, was da kommt. Der Ebbe folgt die Flut,
Und umgekehrt ad ultimum. Man tschilpt,
Ein Sperling, vor sich hin, und das tut gut.
Und ein Jahr später ist die Partitur vergilbt.
Kein Wort, geflügelt, hält, und sprungbereit,
Zeit, die gezeitenhafte, auf. Sie fegt
Das Vogelnest vom Dach. Auch sie ertrinkt:
Die Stimme des Ertrinkenden, so leicht erregt.
Gefieder war, was dort als Fischbauch blinkt.

4

Einmal beim Tanken die Erleuchtung: Keiner
Springt je zur Lebzeit ab vom Karussell.
Du bist nur einer unter vielen hier. Der eine,
Aufatmend vor der gelben Muschel: *Shell* –
Was dachte er, als ihm die Visa-Karte
Beim Zahlen aus der Jacke fiel,
Der süße Totenschein?
An Pipelines dachte er, an Adern und Ventile,
An seinen schwachen Blutdruck, wartend

Auf das erlösende O. K. von seiner Bank.
Kein Blick für die Kassiererin, die bitterzarte,
In ihrer Uniform korrekt und gertenschlank.

5

Heut ist der vierzigste April. Ein Deserteur
Legt sich ins Gras, befreit von jeder Gegenwart.
Was Leben ausmacht, ist der Tag danach, sein Bestes.
Wie schwer das fiel bis gestern … *to depart.*
Man saß im Schnellzug, dürre Wälderreste
Vorm Abteilfenster, döste. Und verstört
Schrieb man die Landschaft ab in voller Fahrt.
Ein Wort wie Eisenbahn, das klang nach Sagen
Vom Riesenspielzeug. Wenn im Schnee
Der Zug dahinschoß, pfeilschnell, lagen
Die Reisenden erstarrt wie Leichen im Coupé.
Und mancher wähnte sich, in einer Winternacht,
Schon auf dem Mond, ein Raumschiffsklave.
Erinnerung, wenn sie zurückdenkt, lacht
Aus ihrem Schneckenhaus hellauf im Schlaf.

6

Durchatmen sollst du jetzt. Tu so, als sei
Der Tag für dich gestorben und die Welt postum.
Zeit für ein wenig Landschaftsmalerei…
Du hast es überlebt, Freund. Schau dich um

Nach dem, was brauchbar ist und halbwegs heil
Aus dem Schlamassel auftaucht, dem Bankrott.
Von all der Technik blieb – ein Haufen Schrott.
Ein Biotop für Kellerasseln da der Flugzeugrumpf,
Aus dem die Spinne steigt am Silberseil.
Im Grau der Autobahnen künden landesweit
Warnschilder von der Wiederkehr der Rehe.
April. Es regnet, Sonne scheint, dann beizt
Ein Wind das Blech, das kein Kran fortbewegt.
Sei du der Humboldt, der Linné,
Der durch den Sperrmüll eine Schneise schlägt.
Kämm jeden Flohmarkt durch. Kann sein,
Die kleinste Schraube leuchtet schließlich ein.

7

Dein erstes Fahrrad, wie lang ist das her,
Daß du davongebraust bist auf Pedalen,
Fort von zuhause, eilig wie die Feuerwehr?
War da ein Endpunkt irgendwo im All,
Für den Besinnungslosen eine Zielgerade?
Die Muskeln spüren, während dort abstrakt
Ein Mohnfeld rot vorbeiflog an den Waden:
Das war es wert. Der Teufelspakt,
Seit jenem Sommer galt er, und seither
Hieß Leben Zeit, geteilt durch Schnelligkeit.
Im Takt des Lidschlags, der Sakkaden,
Lief alles zu auf diesen einen Donnerstag.

8

Das Radio meldet heute: Aus dem Orient
Rollt eine Flüchtlingswelle auf uns zu.
Kongreß der Astrologen in Peru. Man sucht
Den letzten Indio, der die Sonnenriten kennt.
Der neue Dalai Lama ist geboren
In einer Jurte in Usbekistan.
Pause. Buddhistenglöckchen bimmeln.
Am Grund des Meeres sammeln sie Mangan
In schwarzen Knollen. Riesenkollektoren
Warten auf Strom aus allen sieben Himmeln.
Draußen vorm Fenster schleicht mausgrau
Bevölkerung vorbei. Ein Menschentyp,
Der nichts und niemandem fortan vertraut.
Im Park die Linden schwanken wie Polypen
Bei hohem Seegang vor der Wolkenwand.
Ein Tiefseereich die Stadt, und dein Revier
Markiert nurmehr der trotzige Hydrant.
Seit gestern wechselt stündlich die Regierung.

9

Ein Fremder hier, mir selber fremd,
Streif ich durch Niemandsland. Es ist, als ob
Sogar die Schwerkraft nachgelassen hätte.
Ich friere, schwitze, doch in seinem letzten Hemd
Geht da kein Büßer, nur ein Snob.
Bald gibt es Aufruhr, Plünderungen, jede Wette.

Ich hör den Steinschlag schon, den Ehezank
Der Nachbarsleut. Die Nerven liegen blank.

10

Typisch, sobald es eng wird, stiehlt
Ein jedes, Mensch wie Maus, sich still davon.
Kaum ist der Ofen aus, wird Heimat zum Exil.
Das Unkraut vor der Tür, wer mag das schon?
Daß er der eignen Nase nicht mehr trauen kann
Auf seinem Heimweg aus der Kneipe?
Dies Wer und Wo, Wieviel und Wann
War eben noch ein Spiel zum Zeitvertreib
Im Fernseh-Quiz. Und plötzlich, penetrant,
Ist da ein Störgeräusch, das scheucht dich, Mann,
Aus deiner kleinen Welt ins Unbekannte.

11

Ein Witz geht um. Wie buchstabiert man Dreck?
D wie Daheim und R wie Rost, wie Ekel E und C
Wie Chemotherapie und K wie Kotze.
Der Volksmund spricht, vom Zwielicht aufgeweckt
Trotz Ausgangssperre, Stromausfall – aus Trotz.
Der Buschfunk funktioniert noch. *C'est la vie.*
Zum Glück, das lästert wie seit eh und je
Gott und die Welt und die erneuerbare Energie.

Es ist der vierzigste April. Bist du bereit
Für die Lektion, fragt aus dem Off
Dich eine Stimme wie den Helden bei Homer.
Die Luft ist rein wie nie. Gelassenheit
Heißt die Devise jetzt, wo weder Hoffnung
Noch Furcht in Gang hält den Verkehr.
Sieh dort den Motorblock, ein Aas,
In das sich Fliegen teilen und Termiten,
Den Autofriedhof zwischen hohem Gras.
Atropos hat den Faden abgeschnitten,
Eh sie im Parkhaus mit dem Lift entkam.
Und lang noch hallte unterirdisch der Beton
Vom Lachen der drei irren Schicksalsdamen.
April, April. Bist du bereit, mein Sohn?

Und anderntags? Zeigt der Kalender: Mai.
Man stellt die Armbanduhr auf Sommerzeit,
Telephoniert, als ob da nichts gewesen sei.
Die Zeitung titelt was von Fakten, aufgebauscht,
Und schimpft Experten als Tragödienchor.
Der Asphalt pulst, vibriert. Verlockend rauscht
Die Großstadtmuschel wie gewohnt am Ohr.
Wer kann, nimmt Urlaub, fährt hinaus
Ins Grüne. Wochenende. Auf den Ausfallstraßen
In Richtung Süden kilometerlange Staus.

Da ist es wieder, dieses süße, geile
Gefühl von Schwindel. Zur Museumsmeile
Abstrakter Kunst verzaubert, glänzt die Welt –
Der Globus wie ein Apfel, frisch geschält.

Noch eine Regung

Grüß dich, Sperling in der Pfütze, guter Geist,
Da am Wegrand badend, immerfort gehetzt.
Weißt ja längst, was demnächst jeder weiß,
Deine Regenfrische sagts. – Ich übersetze:
Tschilp, tschilp, wie fragil ist dies fossile,
Euer Monstrum, *tschilp*, Gesellschaft doch.
Außen Stahlbeton und innen mürbe Knochen.
Seh genau, wie du zu mir herüberschielst,
Spätzlein. Keine Angst, ich bin verschwiegen.
Warte doch, brauchst nicht davonzufliegen.

IRREALIS

Ja, auch das ist nun üblich. Ein Frühling mit Flecken von Schnee.
Ein Kanal, auf dem Eisschollen treiben, am Ufer Meeressand,
Mit Strandkörben drauf. All deine Lieben:
Eine geschlagene Armee.
Und immer öfter Briefe, brutal gestempelt *Empfänger unbekannt.*

»Wenn ich ein Vöglein wär« kannst du nun singen. Aber es wird,
Flügellos, wie du bist, nicht viel bringen. Wer wird schon erhört
Unterm Müll von morgen, von ewig-
Gestrigen Fliegen umschwirrt?
Lieber halt ich mich an die Wolken. An dein Lächeln, *mon cœur.*

Denn nichts ist unmöglich. Und hier legt die Milchkuh die Eier.
Ein Kannibale, der munter Interviews gibt, ist das Gewohnte.
Greise in Trainingsanzügen ziehen
An rauchenden Kindern vorbei.
Wo Autos in Serie gehen, Toaster, warum nicht auch Embryonen?

Das Na und? macht die Runde, der Meineid ist klassischer Stil.
Es gibt keine Arbeit, doch der Schuhputzer gilt hier als Domestik.
Keine Tür wird aufgehalten, jedes Lächeln
Im Grandhotel wäre zuviel.
Der einzige Luxus sind Verse, aber Rilke liest sich wie Volapük.

En vogue ist das Zungenreden, der Zynismus beim Ärztekongreß.
Jede Ära sucht sich die Zeitform, die zu ihr paßt. *Noch* und *schon*
Sind zwei Seiten desselben Irrealen.

Nur sie fallen früh aus dem Nest,
Die Dichter, diese ungebetenen Typen, Herolde der Konfusion.

UNBESUNGEN

Für Alexander von Bormann

Sag, woran denkst du? Das Radio spielt Mozart,
Und du lauschst still dem Sopran, der dort singt,
Wie einer, dem abwechselnd kalt wird und heiß.
Soviel an Jubel, und hier: deine wortkarge Blöße.
Wenn Dichtung ein Atlas ist, wie viele weiße
Flecken gibt es da noch? Welches Ding
Winselt unbesungen und unerlöst?

Alles hat Namen. Doch nicht jeder ist klangvoll.
Vieles ist schäbig, abgerissen, trostlos, kaputt.
Kleinkram, der in der Asche des Alltags glimmt.
Etwa der Filzlatsch, das Talkum, der Gallenstein,
Das paßt nicht ins Notenbild, silberne Stimme.
Wer preist schon den Gashahn, den Dutt?
Und doch prägt all das sich ein.

Da ist das Geschirrtuch, schlaff unterm Ausguß,
Ein kariertes Stück Stoff, *urbi et orbi* dasselbe.
Oder das Gurkenglas, selten gelangt es dorthin,
Wo jetzt die Frau stickt ihr luftiges Monogramm.
Kein Mülleimer folgt ihr in die höchsten Partien.
Anders als Haut schrickt die schmutziggelbe
Holzbürste niemals zusammen.

Dissonantes Gequake. Horch, der Sender ist fort.
So viele Löcher im Universum. Ach, unscheinbar,
Das meiste bleibt Hintergrund, unsagbar *triste*.

Es ist, als müßten die Dinge hier für uns büßen
Mit einem Platz auf der ewigen schwarzen Liste.
Innig besungen die Brüste, der Sphinkter sogar,
Doch nie die Bauchspeicheldrüse.

IV

BERLINER RAPPORT

Gewohnheit, fette Katze, macht die Augen schmal
In der zerrauften Stadt, beim Straßenstreunen.
Winter, trübes Licht schwappt in den Wartesaal.
Man ist dabei, sein Leben zu versäumen.

Das Hirn, gelangweilt, arbeitslos, zieht sich zurück
In seine Knochenschale wie am Strand der Krebs.
Das steife Rückgrat täuscht, man geht gebückt.
Ein Reifenquietschen garantiert: du lebst.

So rauh begrüßt, vom hohen Himmelsblau hofiert,
Gibt man die Suche auf nach einem andern Ort.
Verstockt die Luft, und mancher Atemweg blockiert.
Berlin, ein Teppich, zeigt dir den Rapport.

KOMMA UND KOLON

Muß hinausgehn immer, rauh die Luft, erst dann
Bricht, aus Mauernhinterhalt, vertraut der Ton.
Frontstadt: keinen, keinen schaut sie wirklich an,
Die, erschüttert, unerschütterlich da thront.
Rieb, vom ersten Tag an, nicht am Gaumen Sand?
Doppelt wird der Boden jedem, der hier wohnt.

So entspannt die Himmel, tief im Erdreich Krampf.
Lärmumbrandet steht das Brandenburger Tor.
Dies der Ort, an dem aus Worten (lies Mein Kampf)
Taten wurden unterm Eisenhammer Thors.
Nein, kein Bunkerschacht, ein Gullydeckel dampft.
Kann bis heut nicht sagen, was ich hier verlor.

Abendblätter wirbeln, kleisterzäh der Straßenrand.
Kahl die Linden, sind von Marschtritt nun verschont.
Aus Blockaden lernt man: Rette-sich-wer-kann.
Bin nur Komma hier, die Frostluft ritzendes Kolon.
Schließ mich, unsichtbar, dem Nachweltalltag an.
Dieses Rauschen ist, postum, das Ohr gewohnt.

REALITO

Schön ist die zwanzigste Stunde. Sie setzt
An den Schläfen ein, wenn die Welle sich bricht.
Wenn in den Abend gleiten urbane Schwärme,
Keiner mehr Klinken putzt, niemand hetzt,
Die Augen glänzen im Scheinwerferlicht.

Verschoben die Grenzen dann der Geduld.
Alltag, die violette Gewitterwand, reißt
Lautlos das Dunkel ein, Abrißbirne, die Nacht.
Weniger drückt auf dem Konto die Schuld,
In Schaufenstern, dämmernd, der Warenpreis.

Straßen, zum Delta verzweigt, schattige Höfe
Locken ins Abseits. Man zögert, erschrickt
Vor den Tausenden Hinterhalten der Stadt.
Im Zoo dort am Bahnhof ein brüllender Löwe,
Verwandelt das Zentrum zum Rotlichtdistrikt.

Seltsam ist, was nun kommt. Sei drauf gefaßt,
Daß da mehr als neun Musen sind, Frau.
Mehr als die beiden Geschlechter auch, Mann.
Ein Drink, und zum Teufel gehn Mythos und Maß.
Mancher ist da, dem vor sich selber graut.

Dann gilt kein Ja Ja mehr und kein Nein Nein.
Gebrochen die schreckliche Symmetrie
All der Fensterkreuze und Kirchturmspitzen.

Die bezwungene Zeit, plötzlich macht sie sich frei,
Fährt dir, Anonymus, in die weichen Knie.

Merk dir – die zwanzigste Stunde ist es. Sie fängt
Im Geäst der Robinien an, in den Mauern.
Wenn eine Gänsehaut über den Bordstein läuft,
Die Gefäße erweitert sind, die Pupillen verengt,
Unterm Fuß die U-Bahn-Tunnel erschauern.

JAN SIX

Tage gibts, da bleibt wirklich nicht viel
Von dem, was da Ich sagt. Der Trumpf, ausgespielt,
Ist ein Loch im Strumpf nun, das Räuspern am Telephon.
Das Hirn, unbewohnt, hallt von Geisterspuk wider,
Antiken Echos. Je enger sie wohnen,
Um so höher der Anteil pro Kopf an Dämonen.

Europas Mitte: Frisch plombiert, ragen Reißzähne auf
Aus dem märkischen Boden. Die Blicke der Frauen
Sind kühler geworden, härter vom Marathonlauf
Durch die Straßen, im Krieg gelichtet.
Kein Mitleid mit denen, die grundlos trauern.
Ein Luftballon, steigt das Bewußtsein ins Blaue.

Und nach Jahren, zeigt sich, gehörten sie dir,
Die zerfurchten Fassaden, in den Parks die Kastanien,
Graue Musentempel, von Einschußlöchern punktiert.
Schwer zu entscheiden, was da drinnen war, draußen,
Seit im Alltag sich jeder Alptraum verliert.
Alles hat Platz im Gedicht. Alles schreit »Hier!«.

Reinster Wodka die Luft. Dieser ruppige Wind,
An den Hausecken kratzend, an Jochbein und Kinn,
Erinnert an Umgangsformen, grob wie sonst nirgendwo.
An Luzifers Toben im Bunker, den feuchten Beton,
In den sich die Schergen verkrochen in ihrer Not.
An den Eisbären, brüllend in der Enge des Zoos.

Viel zu deuten bleibt, jede Menge Stoff,
Dem Herzen hier, in den Keller gerutscht. Lange reibt
Dort im Dunkeln sich an den Kohlen, Kartoffeln
Der Betrachter, vom Zufall beordert an diesen Ort.
Ungeheuerlich, was Berlin mit ihm treibt.
Spät am Tisch harrt er aus, schreibt und schreibt.

Bis er eines Tags, staunend, um sich blickt,
Ein Mensch, im Jahrhundert verirrt wie im Wald.
Wie das Dickicht ihm durchs Fenster zu Leibe rückt,
Die Nase kitzelnd, er spürts in den Fingerspitzen.
Verrückte du, Gegenwart, hab dich ausgetrickst,
Frohlockt er im stillen. Sein Name: Jan Six.

Doch Holland ist fern. Kein Meer weit und breit,
Auf das Regen fällt. Keine knorrigen Weiden,
Schaluppen, durch Kuhherden gleitend, goldene Kuppeln,
Für ein Ego, frivol, das dem Wolkenzug folgt.
Nur das Licht scheint noch immer dasselbe. Es hält
Überm weißen Notizblock die Hand, schwer wie Blei.
Hält die Linie beständig, den Strich durch die Zeit.

BLANDUS

Fern die Stimme, wie vom Häusermeer bedrückt:
Dieser Hauch Metropolis, der Mitleid weckt.
Schnell verhallt ist sie am Stahlbeton der Brücken.
Kurz nach Luft geschnappt, hat keinen angesteckt.
Die Sekunde Gegenwart – sie gibt ihr Halt.
Psyche, im Versteck der Stadt, wie immer bland,
Schattenlos dort huscht sie über den Asphalt.
Schwach die Stimme, ist sich selber unbekannt.

WANDBILD AM MINISTERIUM

Die Stadt, das krude Inventar, wird stündlich aufgemischt.
Und täglich schlägt durchs Straßennetz die Konfektion.
So auch im Traum, auf den die Abrißbirne drischt,
So in den Tüten, Rücken, Turnschuhn da im Pendlerstrom.
Die auf der Stelle treten, das sind wir, Hausierer
Im Hier und Heute, dem Chronisten kaum die Tinte wert.
Baudelaires Flaneur, ein Wasserzeichen im Papier,
Starb im Roman wie, vor die Tram geschirrt, das Pferd.
Versunken liegt sie, tief im Häusermeer, Bussole,
Die hektisch kreiselnde, urbane Psyche. Nur die Haut
Holt sich am Drehkreuz blaue Flecken, und die Gummisohle
Hat sich gelöst, eh noch der Schneematsch taut.
Im Sommer glüht das Walzwerk Stadt. Mit großer Geste
Umarmen S-Bahn-Gleise Mietskasernen. Wer hier wohnt,
Tropft nachts am Tresen ab, sich selbst der Nächste,
Wie im Depot die Fälschung, Teil der Großstadt-Kollektion.

TRANSIT BERLIN

Für Enrico Ganni

Nach jeder Reise stechender vertraut ist mir die Stadt,
Ihr Straßenbild, das familiäre All, solange anonym.
So preist ein Metzger scharf den Ladenschlußrabatt.
Mit seinen Kirchen, dörflich, döst Berlin, das Ungetüm.

Nach all den Schrecken besenrein prahlt Klios Bühne.
Die Erde, untertunnelt, hat hier lang genug gebebt.
Charlottenburg, der Schloßpark, fern von Unheil grün,
Grüßt durch das Taxifenster. Auch der Westen lebt.

Man ahnt die Achse noch. Matt schimmert, als Kopeke,
Das Sowjetdenkmal zwischen Tor und Siegessäule.
»Germania«, sehr bescheiden, ist nun eine Apotheke.
Geschlachtet sind sie, Wilhelms bronzne Gäule.

Mag sein, daß Heimkehrn milde stimmt. Man ist bereit,
Die meisten Sünden zu verzeihn aus Stahlbeton und Glas.
Der Großstadtmensch, gereizt, sein eigner Papagei,
Hat mit den Gitterstäben schnäbelnd seinen Spaß.

Er kennt die Klimazonen seiner Stadt, die Intervalle
Im dichtesten Verkehr, den lauschigen, versteckten Platz.
Kein Blick dem Fremden dort im Zentrum: in der Falle.
Ach was, Berlin. Das paßt in einen Nebensatz.

Hier haut ihn keiner übers Ohr. Der Kenner weiß genau,
Wo man Champagner kauft und seinen Maßanzug bestellt.

Ein Anruf, und er meidet Stau und Demo, bauernschlau.
Den Ku'damm streift er bloß. Da rollt es hin, das Geld.

Die Goldnen Zwanziger, pomadig glänzend der Asphalt,
Sind Kino jetzt, ein Sturm im Wasserglas am Kartenschalter.
Die frischvermählte, ruinierte Stadt läßt jede Zukunft kalt.
Hier kann man untertauchen, faul sein, billig altern.

OSTBAHNHOF

Unter dem Gleisbett liegt das Paradies der Mäuse.
Sie huschen lautlos über Stahl und grauen Schotter
Und sind verschwunden, eh der nächste Zug einfährt.
Der Schwanz als letztes zittert lange noch vorm Loch.

Kurzsichtig träumt man ihnen nach. Dort wohnen sie
In einem Nest aus Schrauben, Zigarettenkippen, Müll.
Ihr lieben Bahnhofsgeister, ahnt der Reisende, was er
Euch, den Gesandten aus dem Untergrund, verdankt?

Daß er davonkommt heil nach Wien und Warschau?
Er überfliegt die Zeitung, und die Landschaft draußen,
Zum Märchenbild verkleinert, gleitet stumm vorbei.
Kein Unglück reißt ihn unterwegs aus seinem Schlaf.

DE BELLO GALLICO

(Berlin, Volkspark Friedrichshain)

Im Gebüsch ein Helmbusch, Flüstern, Schwerterklirren.
Still der Weg, ein Zweig knackt wie entsichert.
Sind das Römer? Hat ein Häuflein Legionäre sich verirrt,
Durch die Zeiten hierher in den Park? – Parole? Kichern.

Etwas liegt da in der Luft, und eine Amsel schlägt Alarm.
So, im Blätterschatten, spielten wir als Kind Indianer.
Doch statt Pfeil und Bogen zeigt sich ein geschienter Arm.
Halbe Kinder sind es, kostümiert als Prätorianer.

Und dann stürmen sie – der Lehrer ruft – in Phalanx
Aus dem Dickicht, krumm von Schilden und Standarten.
Wecken Onkel Mommsen in der Gruft. Doch keine Angst –
Tot ist Cäsar, nur ein Name noch auf Klassenfahrten.

BEIM VIETNAMESEN

Überm Kellerloch von einst, vor Mauern, ginsengrunzlig,
Türmen Trauben sich, Melonen. Tagt ein tropisches Konzil
Von Orangen, Nektarinen, wo mit blondem Haar Rapunzel,
Die Studentin, im Vorbeigehn eine Kirsche stiehlt.

Nabelfrei zeigt sich die Eva, die dort unter Äpfeln wählt.
Bläulich schimmern Spargelköpfe. Selbst die Möhren,
Bieder die Radieschen, kommen wie aus einer andern Welt.
Nur der Nachwuchs, mandeläugig, quasselt wie Berliner Gören.

Flinke Hände sind es, die das Obst am Morgen ordnen.
Unterm Wasserstrahl glänzt noch das traurigste Gemüse.
Grau der Hundehimmel, und darunter, überbordend,
Schäumt ein Mekong, grüßt den Gaumen Himbeersüße.

Audienz in Charlottenburg

Für Heinrich von Berenberg

Einzeln ist jedes – vorm Universum
Erschreckend wie morgens im Schloßpark
Das Eichhörnchen, das dich beäugt.

Kopfunter, mit funkelnden Knopfaugen,
Zuckend der buschige rote Schwanz,
Die Backen aufgeplustert, ist es erstarrt.

Unterbrochen der Heimweg am Stamm…
Es lauscht, wie es scheint, horcht hinein
In den fernen Verkehr. Nur die Spitze

Des linken Pinselohrs gibt ein Zeichen.
»*Sciurus* heiß ich. Da staunst du, was?
Bin kein Kobold, kein Oger, kein Lord.«

»No, Sir! Doch habt Ihr nicht eine Tochter?«
»Nein, ich leb einzeln. Entschuldigt mich –«
Spricht es mit Geisterstimme. Und husch,

Ist es fort, wie vom Baum verschluckt.
Nur die Rinde knistert. Eine alte Kastanie
Reckt sich ins Tageslicht – sein Versteck.

BAYERISCHER PLATZ

Die Kirschblüte heute am Bayerischen Platz,
Überwältigend weiß und rosé, beinah japanisch,
Erinnert an einen gewissen Arzt, der hier wohnte.
Die Praxis lag gleich um die Ecke.

Im dunklen Anzug, ich sehe ihn noch, sagt die Alte
Vom Bestattungsgeschäft nebenan zur *Bingo BZ*.
Liebhaber von Schnittblumen und Ziersträuchern,
Zum Beispiel Gladiolen, Ebereschen, Forsythien.

Ein Gentleman, er verschickte gern teure Bouquets
An einzelne Damen, die immer jünger wurden.
Metzgerschädel, und die Lider zumeist auf halb 8.
Er hatte etwas vom Herzog Blaubart.

Aber heute die Kirschblüte, die einen umschäumt,
Kaum taucht man aus kühlem U-Bahn-Schacht auf:
Sie erinnert so sehr an das allgemeine Vergessen.

Kennen Sie *den*? – Ein Mann geht zum Doktor
Und klagt ihm seine Vergeßlichkeit. Der Kerl zittert.
»Irgendwas war da mit Vögeln.« »Ich darf doch bitten.«
»Nicht, was Sie denken, Herr Doktor. Meine Frau,
Ich hab sie, wie sagt man … gespechtet. Zum Kuckuck!«
Die Schwester errötet. Der Mann kommt ins Stottern.
»Befinkt? Nein, geamselt? Ich hab sie – erdrosselt.«

Wie rasch das vorübergeht, herzzerreißende Blüte.
Die Bänke eingeschneit, Blätter gestreut aufs Rondell.
Nur ein Mädchen kreuzt jetzt den Platz, ihm zur Seite
Ein Husky mit stechenden blauen Augen.

HUNDSTAGE

Ein Regentag, warm eingebettet in die Sommerwochen.
Die Stadt sinkt, weichgekocht, in dampfenden Asphalt,
Der endlich ausspannt, frei von Autos, vom Malochen.
Wer kann, verpraßt im Süden sein Gehalt.

Jetzt war sie wieder Insel, Niemandsland. Verlassen
Nach all den Shopping-Orgien, Love-Parades die Straßen.

Die Hinterbliebnen stöhnen auf, doch in den Amtsgebäuden
Ist keiner da, der die Beschwerden annimmt. Urlaubszeit.
Die Kirchen leerer noch als sonst, ihr Glockenläuten
Tönt nurmehr leise von Unsterblichkeit.
Das Pin-up-Girl ist nun der Hauptinhalt der Zeitung.
Ein Trupp von Maurern macht Siesta mitten im Zement.
Nur Volontäre halten frech die Stellung in der Leitung –
»Wie Notfall?« »Taxi? Kommt demnächst.« »Wer pennt?«

Noch funktioniert die Stadt – wenn auch wie unter Drogen.
Selbst in den Kneipen geht nun alles seinen ruhigen Gang.
Man fällt ins Bett, kaum hat man sich früh angezogen.
Man atmet flach, schwitzt tierisch, meidet Warteschlangen.

Und dann ein Regentag im Juli. Die Container glitzern
Von dicken, heißen Tropfen. Ist das Bratfett, diese Spritzer?
Die Szenerie wird surreal. Bis auf die Haut durchnäßt,
Sucht man ein Blätterdach und stellt sich schaudernd unter.
Ein Blitz, die Wiese zittert. In der Luft liegt schwül – Inzest.
Und eine Hecke wispert »Du, ich hab nichts drunter…«.

Die Parks verwandeln sich in grüne Tropfsteinhöhlen.
Wo manchmal Kinder turnen in Gerüsten, Rentner joggen
Und nachts am Grill im Mondlicht Fußballfreunde grölen,
Steht man, urplötzlich, Aug in Aug mit einer Riesendogge.
Und kein Besitzer weit und breit… Und diese Bullenhitze.
Der Himmel schwarz. Ein Goldnes Los für einen Knochen!
In grellen Zickzacklinien, greifbar nah, entladen Blitze
Die ganze aufgestaute Wut der Sommerwochen.

Was mit dem Tier geschah? Ein Krachen, und es lief davon.
Die Pfützen ausgetrocknet anderntags. An manchem Tresen
Sprach man von Klimawechsel, von den Löchern im Ozon.
Und im Lokalteil war von dem entlaufnen Hund zu lesen.

KLIMAGIPFEL

Die Hitze – ganz bleiern. Im Stehn
Schläft mancher auf offener Straße.
Ein Heißluftfön, Sol, nicht zu sehn,
Schmilzt jeden Eisdrink zu Wasser.

Die Schultern frei, träge Giraffen,
Ziehn Girls vorbei, Frauen, halbnackt.
Ein Seufzen, die Blicke erschlaffen
Beim Striptease vorm letzten Akt.

Sehr sparsam die Gesten: kein Bock
Auf Freibadpulks, Landpartien.
Zum Schweißtuch wird Hemd und Rock.
Der Sommer verbrennt Kalorien.

Kühlung schafft nur, was rotiert,
Was Rad schlägt und fächelt wie Pfaun.
Schwüle erniedrigt. Der Mensch vertiert.
Die Stadt – eine Hagenbeckschau.

MUSEUMSINSEL

Für Martin Roth

Hoch steht, unnahbar, der Himmel über Europas Mitte.
Ein Flugzeug ritzt ihn, den frostklaren, wie ein Glasschneider auf.
Unten, vor einer Mülltonne, funkeln Scherben im märkischen Sand.
Mit dem Plan in der Hand sucht ein Tourist den alten Mauerverlauf,
Wo der Spreebogen glänzt. Die Stadt ist längst wieder verkittet.
Hier ist dein Rastplatz. Bis hierher bist du gelangt.

Historischer Boden: man klebt an ihm fest. Von oben erspäht,
Ist das Ganze ein Orientteppich, ein löchriger Filz aus Parzellen,
An den Rändern ausgefranst, immer da, wo ein Wäldchen sich bückt.
Hier und dort ist ein Grünfleck, ein Kanal, ein Ententeich eingenäht.
Erst bei längerem Hinsehen zeigt sich als Muster: die Zitadelle.
Zwecklos die Flucht. Alle Wege führen ins Zentrum zurück.

Eine Prachtstraße ist da, die man besser im Stechschritt durchquert.
Ein Pferd zeigt den Hintern, obenauf sitzt ein König, der friert.
Unter den Linden gleiten, Aquarien auf Rädern, gelbe Busse vorbei.
Jede Haltestelle wirkt, jede einzelne Litfaßsäule streng aufgeklärt.
Ein paar Kabeltrommeln, das Holz von Schneeballtreffern punktiert,
Warten wie Zirkuskamele an einer Ecke. Es schneit.

Und dann sind da Plätze, so verloren und glatzenhaft blank,
Daß der Raum hier gekrümmt scheint. Auf Sockeln im nassen Lehm
Taucht ein Ensemble aus schwarzen Wassern, ein ganzer Areopag:
Schinkels pockennarbige Tempel, ein museales Neugriechenland.
Mittendurch schneiden Gleise, rauscht ein Fernzug, in dem bequem
Ein paar tausend Leute die Stadt verlassen an diesem Tag.

Wohin man sich wendet, Gitter, Geländer. Sie bieten Halt.
Manche Brücke erscheint erst im Wasser gespiegelt stabil.
Eisig der Wind, raschelnd zaubert er ein Stück Zeitung herbei,
Treibt es zäh vor sich her, die übliche Hiobsbotschaft entfaltend:
Etwas von Terror, Kälteeinbruch oder Erdrutsch in der Türkei.
Im Saal der Ägypter döst reglos ein porphyrnes Krokodil.

Dies ist der Ort, wo die Jahre sich gleichen, magere, fette.
Wo man ruhig wird vorm Pergamonaltar wie in Abrahams Schoß.
Wie lang ist das her, die Hochzeit von Musen und Militär?
Was als Imbiß vom Bratrost kommt hier, gilt anderswo als Geschoß.
Nach Stunden hungrig, ist man bereit für die letzte Bulette,
Stürzt sich, dankbar der S-Bahn, in den Abendverkehr.

Dämmerung, und im Tiergarten, schwarz vor dem kahlen Geäst,
Das sind Krähen aus Rußland, eine Mafia robuster Gesellen.
Am Straßenrand kocht ein Höllenbottich die nächste Lage Teer.
Überall Baustellen, daß man längst aufgehört hat, sie zu zählen.
Das Dunkel, ein vollgefressener Python, verdaut Osten wie Westen.
Wie Berlin eine Insel war einst, so lag Böhmen am Meer.

WINTERFLIEGE

Spät im Jahr noch setzt sie sich aufs Buch,
Müde, müde ihres Fliegenlebens.
Kam vorm Herbstwind, als Pilotin, zu Besuch,
Stürzte ab und blieb am Tischtuch kleben.

Seither irrt sie nun umher, die letzte Fliege,
Die Gewohnheit hier und Wohnung kennt.
Bös zerzaust, die Veteranin vieler Kriege,
Flügel eingeknickt und Beine abgetrennt.

Soviel Leere ist um sie. So rauh
Weht der Wind in ihrer Schreckenswelt.
Unverständlich wird, was sie berührt, aschgrau.
Schrift, auf die ein Fliegenschatten fällt.

Der Krieg aus der Nähe

»Wer die heutige Welt gesehen hat,
der hat alles gesehen...«
Marc Aurel / Über mich selbst

Alt wie Rom die Luft, an jeder Ecke Polizei.
Früh das Husten klingt wie Zeitungsrascheln.
Da: ein Spatz fährt auf mit einem Kinderschrei.
Kleingeld klimpert in den Manteltaschen.

Schroff der Tag, ein Fest für Tautologen –
Bin ihm ausgeliefert. Hab nur ihn.
Schwamm, mit Ungewißheit vollgesogen,
Stinkt die Stadt aus allen Poren nach Benzin.

Dieser Augenblick, er kennt nur noch Heloten.
Ziellos streunt man, Hund, durchs Stadtrevier.
Terminus, das Stoppschild da vorm Haus, das rote,
Herrscht dich an: ruhig Blut, du stirbst nur hier.

Streusand reibt im Schuh. »Hast du Probleme?«
Zischts am Forum aus der Menschenschlange.
Isoliert das Hirn, erlaubt kein Abstandnehmen.
Von den Jahreszeiten bleibt – ihr Übergang.

Ungeschützt, dem Satellitenblick erreichbar,
Liegt mein Viertel. Einmal bin ich hier erwacht,
Fand mich körperlos – und federleicht.
Unnahbar, auf Radiowellen, kommt die Nacht.

DAS GROSSE WEICHEI

Es war nicht gut, wenn er saß. Man sah dann den weichen
Zug um die Augen, die schlaffen Schultern, die Karpfenwangen.
Im Hauptquartier waren Blumen tabu. Er ertrug keine Leichen.
Mimose hieß er – als Gefreiter im Krieg. Sah überall Schlangen.
Frauen mit Brille waren ihm, Männer mit Tänzerbeinen suspekt.
Alles ein Pack: Psychologen, Leute von Varieté und Ballett.
Sein wahrer Freund war ein Schäferhund. Er wurde gern abgeleckt.
Stundenlang nahm er Paraden ab, eisern, die Hand steif, ein Brett.

Niemals Champagner – die Masse, moussierend, stimmte ihn milde.
Was ein Held war, sah er im Dunkel der Kinos, wieder und wieder.
Siegfried sein Liebling, doch der Respekt galt Hagen, Kriemhilde.
Sein Alptraum – ein Adler würgt ihn mit nassem Gefieder.
Einmal wäre er fast erstickt, in den Schützengräben von Flandern,
Am Giftgas. Niemand soll sagen, er hätte befohlen: »Vergast!«
Er hatte Prinzipien, tödlich die meisten, zumindest für andre.
Choleriker – auf seine Wutausbrüche war immer Verlaß.
Rücksichtslos war er. Sein Trumpf: er verstand keinen Spaß.

Von Anfang an warn ihm die Frauen verfallen – dank seiner Tics.
Der Opernsaal war seine zweite Heimat. Dort ließ es sich weinen.
Isolde, die auf die Rückkehr des Königs wartet, das war Musik.
Das Gerücht ging, im eifersüchtigen Volk, zwischen den Beinen
Sei er ein Krüppel gewesen. Das Löwengebrüll? Alles Fassade.
Er rauchte nicht, trank nicht. Beim Bankett gab er den Vegetarier.
Noch Stunden vorm Ende seine einzige Schwäche war Schokolade.
Verschollen die Leiche, nie obduziert dieses Prachtstück von Arier.

EISWÜRFEL

Hörst du das? Nur die Zentralen,
Die Kapitalen stehen im Funkverkehr
Quer durch die Zeiten, flüsterte er,
Über alle Gipfel hinweg.

Im Whiskyglas klimperte Eis.
Dekrete zerschneiden, erzne Zitate,
Die donnernden Epen von Heldentaten,
Das Geschnatter der Gattung.

Alea iacta… Von Cäsar zu Cäsar
Sieht man das Blut aus Mauern schießen,
Fallen die Würfel auf Marmorfliesen,
Sagte er lächelnd, zurückgelehnt.

All die vergossenen Tränen
Sammelt kein Regen, kein Massengrab.
Scotch floß wie Öl vom Glasrand herab,
Wärmte von innen die Hand.

Mächte, Imperien erkennen
Am Klang sich durch Knochen und Stein.
Selten nur greift der Meeresgott ein,
Spült ein paar Räuber von Deck.

Hörst du sie? Die Gesänge der Wale –
Leviathan, schnaubend im Menschenmeer.

Ein Klassiker: das Maschinengewehr,
Diktiert an den Ufern den Takt.

Unterm Balkon fern die Brandung,
Die man gewöhnlich die Stille heißt…
Das ist es, was sie zusammenschweißt,
Die Reiche und Metropolen.

SIEBEN GEGEN THEBEN

Im Ohr den Chorgesang des Aischylos, die Klagen
Der Frauen Thebens, geht man anders durch die Stadt.

Das Schweigen in der U-Bahn an gewissen Tagen –
Spricht so die Zukunft, fließend, voll in Fahrt?

Was geht im Herzen vor, verborgen, in den Psychen,
Wo eine Versspur durch das Dickicht führt der Zeiten?

Wer glaubt an Klosterschätze, an die Zeilenbrüche,
Um die sich Scherbensammler, Philologen streiten?

Ein Halb-Zitat, ein Oden-Spruch, ein Ohrwurm-Slogan –
Das neue Fleisch blüht hieroglyphisch vor den Fenstern.

Du, für zu leicht befunden, wurdest nie gewogen.
Das Lächeln der Reklame-Schönen gilt Gespenstern.

Fremder sollst du werden ihr, der monomanen,
Mythenlosen Zeit, befahl sie – mit Elektras Stimme.
Ich verstand kein Wort. Sah nur die Lippen hinter Glas,
Ihre Sonnenbrille, hochgesteckt ins blonde Haar.
Türme stürzten, Massen tobten in den Fußballstadien,
Und der Donner fuhr aus heitren Morgenhimmeln.
Attentate, Kinderopfer, alles fand sich nachgeahmt,
Und ein Tag war schicksalsschwer wie sieben Jahre.
Mythen, wozu Mythen? Da ist nichts, was es nicht gibt.
Fakten statt Orakel, blutige, brutale Vorstadtdramen,
Sagte sie. Und ich, der Mythologe, glotzte nur.
Dort der Tausendfüßler auf dem Schlachtfeld Straße,
War er nicht, im Fernsehn Tag für Tag zugegen, stumm?
Einsam waren viele, abergläubisch, wenige geliebt.
Ich verstand sie nicht, Hysterika aus gutem Haus,
Magersüchtig, ihre Schultern tätowiert mit Phrasen.
Racheengel, Großstadtbraut, sie sah zum Fürchten aus.

DREI VOKALISEN AUS DER KRISENZEIT

1

Zum Selbstgespräch lädt sie, zur Flucht ins Private,
Umlärmt, die Umgebung in fixen Varianten.
Im Stadtpark die Birke war niemals Dryade.
Der Mensch draußen zeigt sich als alter Bekannter.

Abschied von morgen. Und fiel er nicht leicht?
Der Tag geht vorüber. Es gibt nichts zu feiern.
Erinnerung dehnt sich, ein manichäisches Reich.
Die Hand zuckt beim Schreiben von *prosopopoiia*.

2

Schwarz im Park die Baumskelette, das verlaßne Nest,
In der Krone schaukelnd – eine stachelige Wiege.

Ein Korallenwald im Seegang, schwankt das Kahlgeäst.
Umgestürzt der Himmel, und so leicht scheint Fliegen.

Schuberts Winterreise wirbelt auf, ein welkes Notenblatt.
Zeit, vergiß es, schenkt dir keinen Nackenbiß.

Tröstlich, diese Erde hat das Sterben gründlich satt.
Dünnes Eis der Pfützen, und das Astwerk ächzt in Cis.

3

Wir sind nun weiter, scheint es. Das gedämpfte Grollen
Der Himmel gibt uns recht, ihr Toten. Die Gesandten
Sind bei sich selber zur Audienz geladen. Eingerollt
Hat sich die Erde vor dem tausendfüßigen Trabanten.

Jetzt ziehen Karawanen, zukunftssüchtig, unverwandt
Durch Metropolen, groß wie Wüsten. So vergeht
Der Streifen Grün, die Grenze – mit dem Dünensand.
Und immer seltner zeigt Morgana sich, die Fee.

UNFERTIGES GEDICHT

Für Wolfgang Kaußen

Reicht es nicht bald? Was mußt du noch wissen, erleben,
Du, ein Komplize der Zeit, dieser eiligen, kleinen Erhebung
Des Heut über jede Vergangenheit? – Bei soviel Omnipotenz,
Was fehlt noch, jetzt da du den Zirkus auswendig kennst?

Wozu den Mund auftun, jeder hier hat seine Meinung.
Genügt, was du bist, nicht als Contra für Freund und Feind?
Wer sein Bett verläßt, wohin stolpert der? In ein Wespennest.
Unfaßlich die Einzelheiten, doch ihre Summe steht fest.

Geh in die Sauna, sieh dort die Fauna, sprich: deinesgleichen…
Bodenlos hockt das im Wasserdampf, die Leiber aufgeweicht:
Gottes Ebenbild, Casanovas, Tätowierte, Goldkettchenschwinger.
Das Schönste ist Einsamsein. Woraus alle Komik entspringt.

Teuflisch die Dünste, das hinterläßt eine breite Spur von Benzin,
Vaseline und Haarspray. Dem kann keine Schnecke entfliehn.
Und überdies, du bist einer von ihnen. Also, zum Kuckuck,
Mach es wie sie, werd Weltmeister im Achselzucken.

Noch gibt es Luft, und im Himmelsblau manchmal den Spalt,
Durch den man hindurchschlüpfen kann. – Reicht es nicht bald?
Das Laub fault zuhauf auf den Wegen. Bald ist Volkstrauertag.
Nur, worum trauert ein Volk, das sich selber kaum mag?

Was ich bin

Mein Zweifel in der Stunde der Vergeltung,
Wenn sich Bewußtsein rächt für seine Orgien.
Mein Abstand zu mir selbst und allen andern.
Der Schmutzfilm Einsamkeit, genannt die Seele,
Sein Silberschimmer früh am unrasierten Kinn.
Mehr als im Spiegel dies Gesicht, und weniger
Als noch der Hauch, von dem das Glas beschlägt.
Der Traum, sich aufzulösen, zu verschwinden.
Doch nie der faule Trick »Ich ist ein Anderer«.
Sehr oft die Ausgeburt grotesker Phantasien –
Wie wärs mit sechzehn Fingern oder dreißig?
Und erst mit Hundekopf, Anubis im Profil?
Der Funken Selbstmitleid beim Blutabnehmen,
Wenn sich das Rote zeigt, mein Innenfutter.
Mein Widerwille gegen die verborgnen Höhlen,
Am Körper, der Verderbnis brütet gegen mich.
Mein Körper im gestreiften Anzug (Givenchy).
Von hinten der Beschatter aus dem Film noir,
Nicht eben groß, mit einer Zeitung unterm Arm.
An seltnen Tagen ausgelassen, fast schon froh.
Zuweilen Trance auf halbem Weg zu einer Logik.
Im Schnee von weitem eine Himmelsleiter,
Manchmal im Dunkeln ein vulgärer Mund.

In memoriam Max Beckmann

V

ÜBERQUERUNG DER ALPEN

Sag uns, was hast du gesehn
Über den Wolken beim Fliegen?
Ich sah Achilles' Muskeln, verkrampft,
Die verlassenen Sonnenliegen

Der Olympier. Auf langen Tabletts
Die Hügel Ambrosia und Kokain.
Und hier und da lag ein Flügelschuh,
Im Schnee verloren beim Fliehn.

Erzähl von den Spuren im Weiß,
Der Umkehr von Oben und Unten.
Das Weiß war nicht weiß, sondern grau,
Der Torso des Helden zerschunden.

Und unten hat nichts mehr entfernt
An Gletscher erinnert und Skigebiete.
So wird sie aussehn, die Erde,
Beim Aufschlag des Asteroiden.

Gib uns ein Bild, wie es war
Dort oben, so kurz vor dem Ziel.
Nichts, es war nichts. Wie seit jeher,
Kaum ein paar Atemlängen Exil.

VILLEN AM COMER SEE

Der See leckt grüne Buchten aus dem Land,
Das kurvenreich sich anschmiegt, schmales Ufer.
Was war zuerst, die Form des Ufers, Sinusform,
Der sich das Wasser fügt bei allem Widerstand?
Oder das Wasser, das sich selbst die Fassung gab,
Ein Schleifstein, flüssig, für das Felsenbecken,
Der Buchten formt, Halbinseln, grüne Zungen.

Warn sie zuerst, die vielen Arten Grau?
Das Grau der Vorzeit, diluviales Grau, und das
Von Schiefer und Verwitterung und von Granit –
Das Höchste und das Tiefste. Leicht verschiebt,
Ein bloßer Laut, sich hier das Grau ins Blau.
Ein Amethyst der Himmel, plötzlich stürzt er um:
Bei Wind und Regen wird der See zur Druse.

Zur Duse auch. Dramatik war da, und Franz Liszt
Hat hier gelebt, gezeugt und komponiert.
Und manches grauenhafte Haus am andern Ufer
Steht noch als Rohbau, Spukschloß und Ruine.
Ein Rhododendronwald umschließt die schönste
Der Villen weit und breit. Da ist ein Garten
Mit Azaleen, Rosen, Myrten und Kamelien.

Plinius der Ältere, mit ihm fing vieles an.
Die Minerale, Pflanzen, Tiere – er beschrieb,
Was ihm vor Augen trat bis hin zum Menschen.
Die Lunge, Haut und Knochen, und das Blut,

Brustwarzen, Nerven, Augenlider, Wimpern.
Und selbst die Stimme, jede Geste, jeder Laut
In der Orchestra war für ihn Naturgeschichte.

Der See lehrt staunen als ein lebender Kristall,
Der aufgewühlt, gewitterlich, das Herz bewegt.
Vor einer Villa, bei Musik, vom Logenplatz
Führt jeder Temperatursturz auf tonalen Grund.
Der jüngre Plinius schulte seinen Briefstil hier
Am Feuilleton der Lüfte. Heimat war
Der See ihm, Sammelbecken für sich selbst.

Verlockend steht sie da, einladend die Fassade,
Und doch nie ganz erreichbar, weiß am Ufer,
Die ideale Villa, von der beide Plinius träumten.
Sie trotzt den Zeiten dort am *Larius*, Comer See,
Dem Grau der Zukunft, der urbanen Enge.
Der Fels im Rücken und bei Sturm die Wellen,
Das ruft nach Säulenordnung, Wort, Musik.

Was war zuerst? Natur als Sprache – oder Stil?
Der Stil der Wolken überm See, die Wasserkunst,
Die sich in Gärten fortsetzt ringsum, in Fontänen?
Der bronzne Putto spuckt nur Leitungswasser,
Und, oxydiert, nach Luft schnappt der Delphin.
Im Dunkel klingt, wie fernes Motorstampfen,
Die *Pathétique* vom Grund herauf des Sees.

IN DEN SCHWEIZER BERGEN

Das ist die Luft, in der man aufzuatmen lernt
Beim Anblick weißer Gipfel, doch es schmerzt
Wie manchmal Weisheitszähne unterm Kiefer.

Ein Wind, der Tote weckt … Das Kuhgeläut
Trägt weit hinauf, hinab, der helle Glockenton
Des Kirchleins, schokoladenbraun, am Dorfrand.

Von Bach und Wasserfall geht eine Frische aus,
Die schwindeln macht. Das Seil der Seilbahn führt
Direkt durch deine Magengrube himmelwärts.

Der Mensch verliert sich bald, und so der Tag,
Je höher es hinaufgeht in Geröll und Schnee.

Es ist die Stunde, da die Banken schließen
Im Tal, das Märchengold an Glanz einbüßt.
Die Felswand dunkelt, und die Gondeln stehen still.

BISMARCK

Erzähl uns, Ursli, von den Murmeltieren.
Wo sie geblieben sind seit Bismarcks Tagen.
Gesucht im Felsgeröll auf allen vieren
Hab ich sie überall und fand sie nicht.

Es gab da Löcher, doch wie Bunkerhöhlen
Der letzten Kriege sahen sie verlassen aus.
Er traf sie noch, er konnte viel erzählen,
Der alte Schnauzbart mit der Pickelhaube.

Wo sind jetzt, Ursli, diese russischen Spione
Der Hochgebirge? Fern am Hindukusch?
In ihren Tunneln suchen sie ein *Commonwealth*,
Im Pelz die Nadeln des Wacholderbuschs.

Sie jagen, Fremder, um die halbe Erde,
Und tauchen auf beim Stichwort Edelweiß.
Ein jedes, aufrecht, wacht mit prallen Backen
Als Bismarckdenkmal über Schnee und Eis.

SACRO MONTE

Dritter Dezember. Ans Ufer des Lago di Orta
Klatscht eiskaltes Wasser, und durch und durch
Geht das Krachen des Ahornblatts unterm Schuh
In der engen Gasse.
        Hinauf zum Wallfahrtsberg,
An Feldsteinmauern vorbei, schiefen Häusern,
Fällt in jeder Kehre der Blick auf den See,
Der glatt ruht, grau schimmernd wie Eisenplatten.
Und zehntausend Jahre sind ein Moment nur
Für die Berge ringsum, Chronisten der Eiszeit,
Oder den Himmel, vernebelt, in seiner Indifferenz.
Da unten die schmale Insel der Langobarden,
Unnahbar liegt sie, versteinert wie an der Kanzel
Aus schwarzgrünem Marmor die Fabelwesen,
Mit ihrem Zähnefletschen für Heide und Christ.
Ins Rückgrat kriecht Kälte, und wie von selbst
Schweift vom Sacro Monte im ersten Schnee,
Beim Anblick des Heiligen, nackt im Dornbusch,
Der Gedanke hinüber nach San Francisco,
Zu wärmeren Buchten.
        Schmelzwasser rinnt
Den Pilgerweg abwärts wie Schweiß von der Stirn.
Dann schluckt, statt des Nebels, wie immer
An der Piazza am Ufer ihn sein diffuses Leben.
Ob er je hier war? Wer will das bezeugen?
Die Krähe, regungslos auf dem Kreuz, Terrakotte,
Die Palmen, rauhreifbedeckt? Der einsame Alte,

In Filzstiefeln, Witwer, bei seiner täglichen Runde
Unter dunklen Arkaden, einmal auf, einmal ab?

Verzweiflung in moderatem Ton

Für George Steiner

Nun ja, es stimmt, sie läßt sich nicht mehr steigern,
Die Demut, für die früh der Name Pyrrhon stand.
Nur noch das Dreiste reüssiert, des Tages Terror,
Der Körper Frohsinn und die Wiederkehr in allem.
Nur noch der Abscheu, Freund, um drei Uhr fünf.
Er läßt sich steigern bis dahin, wo selbst ein Sokrates
Nervös wird und die Zähne zeigt vor Aggression.
So daß sie um sich greift, Langweile, die Gespielin
Der ewig Heutigen mit ihren Ellenbogen, Flüchen.
Und daß uns keiner mißversteht, wir sind entsetzt,
Wie schnell das ging von Kind zu Kindeskind.

Doch nun ist es heraus. Wir sind, vergib uns, Timon,
Nicht mehr zu steigern, was das Menschliche betrifft.
Und wenn da einer kommt und spricht aufs neue
Uns aus, sind wir die ersten, die ihn tanzen lassen.
Wo wir doch wissen, wir sind nicht zu steigern, wir,
Bei aller Leere, sind ganz Körper, reine Wiederkehr.
Und uns kann keiner. Selbst die Götter sind, Proleten,
So falsch wie wir gewesen einst, ein Klotz am Bein.
Wir wollen nicht mehr weiter, keiner will noch was,
Das ihn erinnern könnte an die Zeit, da er als Kind
Den Tag verträumte beim Zerbrechen kleiner Dinge.

Doch daß uns keiner mißversteht, das ist es nicht.
Nicht diese Schwerkraft in den Äpfeln, daß die Äste
Im Regen niederhängen und der kalte Erdbeerstrauch

Nichts von dem Gaumen weiß, der immer wiederkehrt.
Nicht, daß wir abwärtsgleiten wie an Spinnwebfäden,
Und Erde, um und umgewühlt, sich jeden nimmt zuletzt.
Es sind die Knochen nicht, antike Knochen, Skeptizist.
Vergeßt Empiricus, und daß sich die Gedanken fangen.
Denn da ist etwas, das sich nicht geschlagen gibt,
Wenn wir ins Abseits gehen, ruhig und wählerisch.
Ich habs versucht. Nun ja, wer hat es nicht versucht?

SPIELEREI NACH PETRONIUS

Wir sind wie Luftballons auf Beinen.
Und taugen weniger als selbst die Fliegen.
Denn Fliegen haben immerhin noch Mumm
Und kennen Tapferkeit und Heldenmut.

Wir aber sind nicht mehr als Seifenblasen,
Und meistens sind wir füreinander Luft.
Mag sein, in einer warmen Sommernacht
Springt einer auf und platzt vor Lachen.

Doch nur die Fliegen sind in ihrem Element
In solcher Luft. Sie kämpfen um ihr Leben
Wie Hektor, todgeweiht, der zornige Achill.
Ihr Troja ist ein graues Fensterbrett.

Wir aber machen höchstens Kinder froh
Und kaufen Luftballons, denn es ist Sommer.
Wir lachen viel und sehn durch uns hindurch,
Im Innern schwerelos wie Seifenblasen.

Raketen unterm Empyreum

Der Philosoph, wo er nicht spricht, agiert im dunkeln.
Er scheut die Mythen, weil sie so unfaßbar sind.
Kaum aber spricht er, überstürzen sich die Bilder.
Ein Leichnam, eine Eiche treten auf, diverse Tiere
Auf einer tiefen Bühne, die den Wald darstellt.
Dann ändert sich das Licht, sie werden fortgebracht.
Ein Kind erscheint, zeigt eine Eichel, doch das ist
Nicht sie, die Eiche, dichtbelaubt auf ihrer Lichtung.
Ein Wort wie Fauna heißt nicht etwa: alle Tiere.
Der Leichnam war nur nacktes Resultat.

Soweit das Falsche, hier auf Erden wiederkehrend
Als Allgemeines: dieser Zirkus Sinnlichkeit.
Die Kinder lieben ihn, und unvergessen bleibt
Der eine Nachmittag mit Clown und Tiger und Trapez,
Und Luftballons, die in die Zirkuskuppel steigen.
Da ist die Nacht, das Dunkel vor dem großen Auftritt,
In das die Peitsche knallt und der Dompteur schreit *Jetzt!*
Und *Hier* zum Beispiel ist ein Elefant,
Der auf Kommando seinen Thron besteigt.
Oder die Menschenpyramide, obenauf das Kind.

Mit seinen Sätzen rasch voran kommt er, in Schwung,
Der Philosoph, sobald er spricht. Mit beiden Beinen,
Wolken des Irrtums um das Haupt, steht er im Leben.
Er weiß nur dies: man geht nicht auf dem Kopf.
Er weiß sonst nichts, doch trägt die Sprache ihn.

Hirnlastig schraubt er sich durch alle sieben Sphären,
Und Gott für sich ist ihm ein bloßer Name, reiner Laut.
Er ist der Clown, der vor dem Tiger blufft.
Die Dinge laufen von ihm fort, er sucht den Vorsprung.
Sie nähern sich, er überspringt sie, läßt sie stehn.

Allez! – Das ist es, was sich Dialektik nennt.
Das muß es sein: dies Reifenspringen durch den Dunst
Aus trocknen Sägespänen und Manegenstaub und Sand.
In der Bewegung, satzweis, liegt der ganze Akt,
Der erst gelingt, wenn sich die Bilder überstürzen,
Und jedes Ding ist Ding von vielen Eigenschaften.
Nur der erfährt sie, der den Salto wagt und stirbt
Für diesen Augenblick und läßt sein Selbst zurück.
Was sind die Mythen gegen diesen Zirkus, sagt er sich.
Laßt doch die Toten ihre Toten ruhig begraben.

Dann macht es *Bumm!* Und *Bumm!* Vor aller Augen
Steigt etwas himmelwärts und explodiert: Erkenntnis.
Ein Blitz, und der Plafond, nachtblau, reißt auf.
Raketen schießen durch die Öffnung und versprühen,
Orange und grün und violett, ein Farbenfeuerwerk.
Das ist das Wahre, in bengalischer Beleuchtung –
Die Ruhe, wenn die Arbeit ruht. Das allgemeine *Aah* …
Schwillt an zum Beifall für die Absolute Malerei.
Der Philosoph verbeugt sich und tritt leise ab,
Wenn die Ideen in der feuchten Nacht verzischen.

SORTILEGIUM

Sag uns, Präzeptor, was dir nicht paßt.
Sprich, was verboten ist heute, was morgen geht.
Nenn uns den Preis für Verspieltheit und Spuk.
Schnür, aus Prinzipien, dein strenges Paket.

Nie wieder Tiere, sagst du. Äsop ist tot.
Keine Embleme, das schmeckt nach Barock.
Wer braucht noch Fabeln, Metaphern und Tropen?
Herzrhythmusstörung? Das war *Belle Époque*.

Wir sind dir nicht böse, wir verstehen ja Spaß.
Heraldik gehört sich nicht, und die Verse sind frei.
Der Alexandriner war ein goldener Schuß.
Du buchstabier uns das Einerlei.

Beruf dich aufs Dogma, sieh von uns ab.
Wir sind verschwiegen, und gezählt wird zuletzt.
Hüll dich in Toga, in den Smoking, die Robe,
Zeig uns den doppelten Boden, das Netz.

Laß uns nichts durchgehn. Wir sind, die wir sind,
Schlimm genug, Kinder, ganz vertieft ins Entstehn.
Brich deinen Stab über uns. Sag: Jetzt ist Schluß.
Schneid uns den Weg ab zu La Fontaine.

SYRAKUS

Was löscht den Durst, der immer wiederkehrt?
Ist es das kostbare, ein Wort wie dies limpid?
Ich stand noch nie an irgendeiner Quelle.
Doch Quellen gibt es, wie es Mädchen gibt,
Und sie sind klar, durchsichtig bis zum Grund.

Fünf Mädchen nehmen eine Straße ein, das sind
Fünf Augenpaare, und sie weichen aus,
Wenn da ein Fremder ihrem Blick begegnet.
Sie weichen aus und lassen sich auf niemand ein.
Und keine kennt den Namen Arethusa.

Doch sind sie da und waren da und weichen aus.
Wer Philosoph ist, träumt von einer Quelle.
Wer Philosoph ist, läßt sich auf nichts ein.
Was ihm am Herzen liegt, heißt lange Wahrheit,
Die jeden Blick hält, reines Wasser, reines Licht.

Wie viele Quellen gibt es weltweit, Tausende?
Bei Izmir eine, Kemble, Monte Viso. Auf Sizilien
Flieht eine Nymphe vor dem Flußgott unters Meer
Und bricht hervor und mündet in den Hafen.
Wie Silbermünzen schimmert das, für Augenblicke.

Kein Strom, der nicht klein angefangen hätte,
Im zarten Mädchenalter Wasserfall. Als Jüngling
Zeigt er dem Felsgebirg, der Ebene die kalte Schulter.

Entfesselt weiß er nichts mehr von der Quelle.
Er zieht die Dichter an, die scheuen Philosophen.

Ein Wort wie Wasser löscht noch keinen Durst.
Wo ist der Grund, durchscheinend bis zum Grund?
Ich bin nicht der, für den mich mancher hält,
Von Münzen träumend, Quellen und Delphinen.
Nun sag, was liegt am meisten dir am Herzen?

AUS DEN TAGEN DER GALANTERIE

Für Werner Spies

Ein scheues Reh, ein wilder Eber, ihr verzeiht
Die bange Frage, Don Francisco: was ist Sex?

Sie treibt uns alle in den Wald, und tiefer
Geht in Gedanken jeder, den sie hart bedrängt.

Freudlos der Arme, der nicht ahnt, was ihm entgeht,
Wenn er sich blöde stellt ein Leben lang.

Zu früh die Augen zugemacht vorm rosa Abgrund,
Heißt nicht, es ist geschlossen, das Dossier.

Das Haar spricht eine andre Sprache als die Haut,
Und wieder anders spricht das weiche Knie.

Dem zittern früh die Flanken, die errötet bald.
Und eine Dritte, lebenslang, hält Winterschlaf.

So geht es immer, Don Francisco. Eine wilde Jagd
Herrscht da im Unterholz, und mancher kehrt

Von seinen Abenteuern niemals heim.
Der Satyr und die Nymphe leben heut möbliert.

Nachdem Marsyas nackt war, splitterfasernackt,
Leckte ein Schoßhund Blut von seinen Füßen.

Nun hocken Sylphen und Dryaden in den Kissen.
Ernüchtert trauern sie um Pan und spielen Fesseln.

Und manches Zwitterwesen, Don Francisco, weint,
Weil es allein bleibt unter indiskreten Blicken.

Was weiß der Stier vom Sinnenreich der Schnecke?
Und was die Löwin von des Salamanders Lust?

TANZSCHRITTE ZU EINER JEDEN
KÜNFTIGEN REVOLUTION

>>Und ein Häufchen Asche<<
Diderot

I

Ach, Zeit der Feuerwerke, gelöscht in Wassermusik –

In den Parks schlug es dreizehn an jeder Blumenuhr.
Weißgraue Nymphen schlangen den Marmorarm
Um Amphoren, mit Cognac gefüllt.

Und ein Himmel in Dur hing an seidener Schnur.

Jeder zweite Strauch war ein Diener in grüner Livree,
Der die Kieswege rein hielt. An Sockeln ballten
Funkelnd sich Wespen zu Edelstein-Broschen.

Und die Mätresse trank Tee, lila schimmernden Tee.

Schönheitspflaster lenkten den Blick
Durch polierte Gesichter, im Porzellanglanz entrückt
In Gedanken an Pfänderspiele zu dritt und zu sechst.

Und der Tag war ein kaum unterbrochener F...

In die Landschaft vorm Spiegel, hinter Tapisserie,
Führten drehbare Türen. Der Reifrock ersparte
Das Versteck für die schönsten bukolischen Szenen.

Und gepflegt war die Rede *sur la mythologie*.

II

Gelesen wurde so gierig wie nie zuvor
In Büchern, die hielt man wie Noten in einer Hand.
Die andere löschte den Brandherd mit blauen Venen.

Unschuld war etwas, das man im Beichtstuhl verlor.

Milchweiße Leiber, zitternd, das war Natur. Illusion
Hieß fortan, was nicht süß auf der Zunge zerging.
Fleischgierig war er, heimgekehrt in die eigene Haut,

Der Mensch ohne Gott: Libertin und totaler Spion.

Augen, wohin man sah, Verfolger durch Busch und Bett,
Pralinés, glänzend im Dunkel der Logen und Boudoirs,
Wo den letzten Schleier ein Peitschenknall hob.

Und der Faun trug Perücke, kopulierend *en silhouette*.

Lustschlößchen luden ins Grüne zum Philosophieren ein.
Den Fingerspitzen, den Hintern entsprangen Thesen,
Dank deren es leichter wurde, das Leben.

Um so schwerer fiel Sterben. Das macht man allein.

Und wie höflich trat aus dem Schatten der Guillotine
Der Marquis ohne Kopf. Und sein offener Hals
Verbeugte sich sprudelnd vorm neuen Jahrhundert,

Das den Terror schon säte und doch ahnungslos schien.

III

Und wie vollendet sie starben: ein Jahrhundert, verliebt
In die perlmuttblanke, die stehengebliebene Uhr.
Die aus Springbrunnen schöpften mit silbernen Sieben,
Folgten gurrend der Pompadour.

Keiner dort glaubte, die Materie erwarte den Kuß
Seiner lüsternen Lippen. Die uralte Erde
Sei eigens bereitet dem zierlich beschuhten Fuß.
Die Himmel, frei von Beschwerden,

Zogen Schaukeln ins helle Blau, immer höher hinauf.
An den Sinnen das schönste war – daß sie schwanden.
Dafür nahm man manches, auch Schulden, in Kauf.
Den Galanten, den Extravaganten

Mit ihren Moden, den Immoralisten gehörte die Welt.
Manierliche Tiere, gravitierten sie um den Thron.
Der Körper des Königs, zart aus dem Ei gepellt,
War der Fetisch der ganzen Nation.

In den Parks zogen Schäferspiele, zwitschernde Briefe,
Den Tag in die Länge. Von Arien berauscht,
Gab man sich hin unter Säulen. Als ob man schliefe.
Nur der Zärtlichkeitstausch

Galt als vornehm. Das Feilschen und Handeltreiben
Überließ man dem Bürger draußen vorm Tor.
Mochten sie fern, wo der Pfeffer wächst, bleiben.
Das Herz war kein Louisdor.

Zuletzt erst, als keine noble Seele mehr Ruhe fand,
Erbrach man sich, mitten in Volkes Applaus.
Mancher, in Lumpen, verließ das Gelobte Land.
Kein Requiem zog den Abschied hinaus.

Für die Ausgewanderten, später, war jene Zeit,
Das Arkadien des Adels, ein verlorenes Paradies.
Ein Menschheitssommer, für immer verschneit,
Den man zum Träumen dem Mob überließ.

IV

»Et in arcadia ego« – so beginnt das Couplet,
Das auf Knien vor Mademoiselle de la Fin
Der Earl of Nevermore sang, ihr Witwer *in spe*,
In einer Landschaft, gemalt von Poussin.

Frei ging der Atem, und alle Fleischeslust
Teilte man brüderlich hinter bebenden Fächern.
Éducation érotique hieß: der Trieb wird bewußt.
Gleichheit? Wer konnte damit schon rechnen?

O ihr Leichenschwestern mit den Reibeisenhänden,
Keifend habt ihr das Blut geschrubbt am Schafott.
Mit den Wölfen sah man die Hirsche verenden.
Nur der Förster blieb übrig, ein Sansculotte.

DER ASTRONOM

Nimm nichts von draußen an, es lohnt sich nicht.
Denn was da draußen geht, kreist nur um sich
Wie du, der nur um sich kreist hier im Innern.
Da ist der Mond, er scheint auf dünnes Eis
Und bleibt doch Mond wie einer, der schon weiß,
Es lohnt sich nicht, die Erde zu erinnern.

Und doch erinnert er sich gut und bricht das Eis –
In Holland gestern oder morgen in Shanghai.
Er ruht in sich, ein Buddha. Und daß Jan Vermeer
Ihn nie gemalt hat, stört so wenig ihn
Wie in Bagdad der Morgenruf des Muezzin.
Sieh ihn dir an: er kommt von weit, weit her.

Er will nicht hoch hinaus. Doch jede Einsamkeit
Von hoher Warte aus, sagt ihm: so soll es sein.
Denn ihr da unten rührt euch leicht zu Tränen.
Die Zeit zu leben, gleich, paß auf, ist sie vorbei.
Und da ist keiner, der sich selbst nicht jederzeit
Verzeiht und scheint und sucht, sich anzulehnen.

Kein Herzenswunsch, der nicht sein Außen hat,
Sein dünnes Eis, die Kindheit, eine Heimatstadt,
Und doch um sich kreist nur. Doch dieses Ich
Ruht nie in sich. Ist niemals Buddha oder Mond.
Es tut nur so, als ob es über allem thront.
Nimm nichts von innen an, es lohnt sich nicht.

Geh aber weiter. Geh nach Holland. Nachts,
Wenn alles schläft, ist dir das Gehen leichtgemacht.
Im Traum, wo Innen, Außen gleich sind, scheine.
Sieh jenen Himmelsglobus, mit dem Jan Vermeer
Im Handumdrehn das Firmament nach außen kehrt.
Die Erde kreist für alle und für keinen.

BOLSCHEWIK UND GIRAFFE

Für Ralf Kerbach

Nichts mehr davon, Leonid. Gib zu, auch du
Warst ein Popendiener nur, Lakai in der Proletenjoppe,
Unterwegs im Sturm, das Ohr an jedem Schienenstrang.
Was da sang, war nicht das Eis vor Archangelsk,
Nicht Bucharas Staub, der Stahl von Kriwoi Rog.
Hast dich foppen lassen von Polarfuchs und Kamel,
Damals, als die Völker aufbegehrten, triumphal.
Bist ums Goldne Kalb getanzt, gestiefelt, Bolschewik.
Deinen Kindertraum, ich kenn ihn gut. War selber Kind,
Klein im Maisfeld, unter den Tribünen, vor dem Tor
Der Fabrik für Schrauben, mit den Muttern spielend.
Du, erzähl mir nichts von Morgenröte. Bleistiftgrau,
Wie die Welt im Schulbuch, *Orbis pictus*, war dein All.
Nichts mehr davon, Kommissar. Ich weiß, was kam.
In der Schreckenszeit ist jedes Ding verzaubert, jedes Wort.
Ist der Mensch denn eine Uhr? Und wenn sie tickt,
Eisern tickt, war das nicht Götzendienst und Sklaverei?
Böse Kinder sind wir, und das Herz ist ein Bourgeois,
Der von Schwächen profitiert, von fremdem Schmerz.
Keiner wird von Schrauben satt, nicht wahr, Tschekist?
Dein Mysterium war wie fortgeweht, wenn da im Zirkus
Die Giraffe auftrat, dieses feierliche Säugetier,
Das Soldaten rührte, Timurs Truppe von den Sitzen riß.

MARTIALISCHE AUDIENZ

Der Fürst von Modena läßt höflich bitten
Zu einem Ball erlauchtester Dämonen.
Er schlug sich gut im Kriege gegen Kandia,
Und Ludwig selbst war stolz auf seinen Mann.

Auf einem Berg Trophäen ist er heimgekehrt.
Im Troß die schwarzen Mörser glänzten
Zu Modena im Mondlicht vor dem Dom.
Nachts grüßte ihn der Donner der Kanonen.

In Oden feiern ihn die Dichter, in Epoden,
Den jungen Krieger, Kommandeur der Nacht.
Der Boden zitterte noch lange Anno Domini.
Und Mars und Venus leckten ihre Wunden.

Der Held erscheint. Sein *odi* und sein *amo*
Versüßen Damen ihm in steifen Garderoben.
Der Mars dreht weiter seine fernen Runden.
Und durch die Ebene, träge, fließt der Po.

FERN VON VERSAILLES

Für Anna Maria Carpi

Kein Morgen, kühl wie dieser, traut
Dem Regen, der im Park aus Ahornbäumen,
Aus Linden und Kastanien peitscht
Ein Grün, das schreit nach einer andern Zeit.

Schau, der kastalische Quell ist begradigt.
Der Pavillon aus Stahlbeton protzt renoviert
Mit seiner lächerlichen Turbankuppel.
Den Teich hat kein Schwan je versucht.

Da ist die Fahrradspur im frischen Schlamm,
Ein *souvenir d'amour* von gestern nacht.
Die Straße schimmert blankgewaschen,
Wie einst die Pflastersteine vorm Schafott.

An der Haltestelle mit verstörten Gesichtern,
Halblaut fluchend, zeigt sich der Souverän.
Er ist schlecht angezogen, und er schnaubt,
Ein Chinadrache, kalten Zigarettenrauch.

Nun weißt du, wie das ist, wenn Licht,
Das immer unbestechliche, die Kanten wetzt,
Ohne daß etwas noch erinnerte an ihn,
Den Marterweg bis hierher von Versailles.

REGATTA

Es ist das Auge, das aus Sonnenglast dies destilliert.
Den großen See, von Kiefernwald umgeben, ein Tablett,
In dem das Himmelsblau sich spiegelt, flaschengrün.
Der Schwan vorm fernen Uferschilf scheint angeklebt.
Er schwimmt und schwimmt doch nicht, so daß der See
In seinem Bann geronnen liegt, wie frisch lackiert.
Wie lange müßtest du hier sitzen auf dem Holzsteg, bis
Von dir nichts bleibt als ein Paar Augen, schauend?

Da ist ein Segelboot, und dann noch eins, noch eins…
Die weißen Triangel zerfächern kühl die Wasserfläche.
Sie drehen, überschneiden, decken sich – Regatta!
Ein Wort, in dem die Gondel mitschwingt und Venedig,
Nur hat der See, vor Hitze flimmernd, vom Canale nichts.
Unheimlich starr liegt er, kein Windhauch kräuselt ihn.
Doch was bewegt, wo keine Brise weht, die Segelboote?
Einmal zum Himmel aufgeschaut, und sie sind fort.

Und immer noch der Schwan. Er hat nun Konkurrenz
Bekommen, schwarz auf weiß, von einem Bleßhuhntrupp.
Jetzt ist es Zeit, sich umzusehn. Durchs trockne Uferschilf
Führt breit ein Trampelpfad – die Spur des Menschen.
Fischleichen blinken da im Schlick und Taschentücher,
Umsurrt von Fliegen. Braune Schnörkel. Mütterchen Natur:
Er spuckt ihr gern ins Antlitz, das zerfurchte, stille.
Wie kommt es, daß ein Wort wie *Auge* schaurig klingt?

Von überall her starrt Natur dich an. Kein böser Blick
Ist so durchdringend wie das Flimmern ringsumher.
Was sind die Monatsbinden, Windeln, Flaschenscherben,
Gegen das Blätterrascheln, argusäugig, einer Weide?
Im Schatten Nadelstiche, eine Kiefer knarrt, und kaum
Erwacht, ist man zerstochen von den Myriaden Mücken.
Wie angenehm, das tote Holz zu spüren, körperwarm.
Doch lange könnte man an solchem Ort nicht sein.

Was geht hier vor? Tickt da im stillen eine Pflanzenuhr?
Das ferne Flattern kommt als Gruß aus einer Vogelwelt,
Die von der Zeit nichts weiß, Betrachter, deiner Angst.
Es ist ein Wettkampf, und der geht durch Schilf und See
Und hört nicht auf da unten bei den grauen Hechten.
Schändlich, wie alles tief im Augengrund verschwimmt.
Ein Fächer öffnet sich, der See rauscht auf. Und siehe da,
Er triumphiert, der steife Gondoliere. *Schwan, kleb an.*

EXALTATIONEN IM SCHLAF

Wie tief man sinken kann, kaum ist das Licht
Gelöscht und von den Schultern fällt die Schwere.

So fiel die Rüstung ab von dem erschöpften Ritter,
Der lange mithielt auf dem Fresko Totentanz.

Hoc corpus meum. Unterm Schutz der Nacht
Ist er verstrickt in sich, in Träumen frei, gefesselt.

Von allen Lebenslagen die extremste ist der Schlaf,
Der einen einhüllt, überwältigt und vorübergeht.

Extrem: Im Schlaf kämpft man wie Don Quichote
Mit seinen Träumen, bis der Körper Ruhe gibt.

Im Schlaf, wie viele Positionen nimmt man ein?
Den Fötus, den Gekreuzigten, Laokoon, Gott Shiva.

Steif auf dem Rücken liegend, überfällt es mich –
»Ein Tapir war ich, an den Ufern einst des Orinoco.«

KONVERSATION GEGEN DREI

Das Ich, das hier ich sagt, und das dort hinter der Stirn
Ist nicht dasselbe, Herr Doktor, gewiß nicht dasselbe.
Geht nicht ein Riß aus von ihm durch die Welt?

Sie sind ihrer drei, und keiner weiß von dem andern.
Oder weiß, was er weiß, im stillen Grenzen markierend,
Ohne die es kein Wissen gäbe, keine Welt, kein Begehren.

Es sind ihrer drei. Eines, das Stimme ist, hörbar. Und eines,
Im Kern jeder Zelle. Eines, das aufblüht mit jedem Du.
Es trägt einen Namen, der Einfachheit halber: diesen.

Es trägt ihn und trägt, niemand hilft ihm beim Tragen.
Und doch überbrückt es den Abgrund, Herr Doktor –
Von einem zum andern. Immer geht es aufs Ganze.

Das Kind in der Messe, was denkt es sich, wenn es hört:
Vater, Sohn und Heiliger Geist. Es zählt mit den Fingern.
Cogito ergo sum liest es später. Das ist nicht die Antwort.

Dann bewohnt es die Welt, wird selber Welt, ist sich selbst
Mehr als genug, lernt begreifen, erträgt das Alleinsein.
Es summt vor sich hin, sum-sum-sum, dieses Ich.

Musik löst es auf, weckt die andern, Revolte im Innern.
Mit großen Eulenaugen, fragend, schaut es umher: 1, 2, 3.
Ich sagt es, *ich*. Doktor, wie war noch der Name?

REMORA

Sie lebt. – Doch hat sie keiner lebend je gesehn.
Auf alten Meereskarten manchmal ahnt man sie,
Dort bei den Ungeheuern, wo die Tiefseeschlange
Ihr Haupt reckt unter Schwärmen von Medusen.
Sie ist die eine, die sie niemals fingen, nie sezierten.
Man kennt den Namen nur und weiß, was er besagt.
Und denkt an ihren armen Vetter, einen Fisch,
Der sich am Rumpf der Schiffe festsaugt und vom Wal
Durch alle Sieben Meere tragen läßt. Man denkt:
Kann sein, es gibt sie wirklich irgendwo da unten.
Was man so denkt auf Transatlantikflügen nachts.

Sie aber lebt, die Unbegreifliche, seit Jahrmillionen.
In ihrer Vorwelt, Altwelt, klaftertiefen Unterwelt
Ist Zeit ein Neutrum: das Gesicht des Wassers.
Es ist nicht sie, von der die Brandung raunt, nicht sie,
Die Aristoteles beschreibt, der große Mythentöter.
Auch ist sie mehr als nur ein Monstrum, ein Fossil –
Der finstre Quastenflosser etwa mit den trüben Augen.
Das Meer, verraten hätte es sich längst, verschluckt
An einem Wesen aus Gerücht und Seemannsgarn.
Sie ist Idee, und wie Ideen dauern, dauert sie.

Doch Ptolemäus kannte sie und des Columbus' Leute
Erblickten sie in einem Streifen Gischt. Das Wrack
Am Meeresgrund weiß mehr von ihr, die Karavelle,
Beschwert vom Gold, der Tanker unter Billigflagge,

Als jeder Biologe. Ihr Versteck von alters her ist Angst,
Auf keinem Periplous verzeichnet, nicht bei Piri Rais.
Medusa war nicht schrecklicher als sie, und Sindbad
Hatte gut lachen, Glücksprinz, weil er sie vergaß.
Sie ist woanders, immerfort woanders, die Verborgene.
Im Schädelinnern wie in Meerestiefen abgetaucht,
Ist sie die eine, die kein Artensterben je bedrohte.

Sag mir, Hiroshi, alter Ichthyograph: wer ist das Tier,
Das durch die Presse geistert, alle Jahre wieder?
Das seinen Hals durch graue Spalten reckt, Phantom?
Man hört, im Nordmeer wachse unterm Schiffskiel Eis,
Wo es sich umtreibt, und die Last zieht in die Tiefe.
Von einem Hemmnis, Hindernis spricht Campanella.
Aus mancher Oper hört man es heraus. Gewaltig
Entsteigt es, wenn wir gähnen, dem Orchestergraben.
Mir scheint, es ist … Hiroshi, nein, sag du es mir –
Das ganze Grauen unsres unbekannten Lebens.

AUS DEN ARKTISCHEN KRIEGEN

Und eines Tages taucht man aus der Dichtung auf
Wie aus dem Meer ein Eisberg, und im Logbuch steht:
Am Morgen Kurs geändert Richtung Nord-Nord-Ost.
Das Herz dreht bei. Das Wasser färbt sich blauwalblau.

Dann wird zum Imperfekt in fernen Hirnregionen,
Was täglich Aufbruch war und Sensation, Entdeckungsfahrt.
Wie Packeis näher rückt die halbe Wahrheit – Prosa.
Und friert ihn ein, auf rauhen Lippen, den Gesang.

VI

LIGURISCHE KOHORTE

Von Sardinien stammt der Granit,
Der noch heute das Pantheon hält.
Was sie brauchten, nahmen sie mit,
Die Erbauer der Ersten Welt.

Mit Galeeren kamen sie übers Meer,
Den Baustoff für Rom sich zu holen.
Grabsteine zeugen davon, Nekropolen:
Mancher blieb hier in der Erde.

So auch CAIUS CASSIUS BLAESIANUS,
DECURIONIS COHORTIS LIGURUM. –
Der Karriere machte beim Militär,
Ein Marschbefehl trieb ihn hierher.

Nur den Dienstgrad und wie er hieß,
Daß er frei war laut kaiserlichem Erlaß,
Mehr wissen wir nicht. Bis auf dies:
Auf Sardinien biß er ins Gras.

KOPIE IN ZEMENT

I

Soll die Logik des Friedens dem Chaos des Krieges gehorchen?
Das ist die Achse, um die alles sich dreht, Eleven der Diplomatie.
Verträge sind sterblich, ihr wißt es, sind bloßes Papier.
Jedes Kleinvolk hat seinen Kummer, seinen bösen Instinkt.
Zwietrachtstifter gibt es in jedem Clan, auch unter Geschwistern.
Doch keiner kann sagen, wo er liegt, dieser pazifistische Punkt.
Am Golfplatz das letzte Loch wird von allen nur scheu beäugt.
Auszuhebeln die Macht der ganz Großen im Namen der Kleinen,
Bleibt der listige Traum eines jeden, den eine Mutter gebar.
Wägt also ab, entscheidet euch. Hier auf den Protokollbogen
Setzt eure Einsicht ins schwere Getriebe der Suprematie.

2

Ihr da, an Deck bleigrauer Flugzeugträger, blutjunge Piloten,
Vergeßt nicht, wenn ihr aufbrecht mit der tödlichen Fracht:
Die Flußbrücke trefft ihr, den Staudamm, den Volkshelden nie.
Zerstört die Chemiefabrik, legt ruhig den Fernsehturm um,
Werft in die Vorstädte Bomben, doch wißt, ihr verfehlt euer Ziel.
Fern auf den Weltmeeren wird euch der Bildschirm betrügen.
Ihr seht nur Attrappen vom Cockpit aus, Panzer aus Pappmaché.
Am Boden der Feind, unsichtbar, täuscht euch mit leeren Hallen,
In denen man gestern Granaten drehte und heute Däumchen.
Zerfetzt nur die Alte draußen auf freiem Feld, niemand wird
Weinen um sie, die Bäuerin, die bei der Kuh blieb aus Gram.
Doch vergeßt nie, nehmt ihr den Orden entgegen, die Priesterin.
Sie hat sie verblendet, sie zwingt euch den Ruhm auf, die Scham.
Von nun an wird unter der Kanzel ihr Singsang euch anführn
Durch Zeiten und Räume, die keiner von euch je ermißt.
Denkt dran, das letzte Wort geht an sie, die Geheimnisvolle.
Im goldenen Kleid thront sie, die Finger gelegt auf die Runen,
Die Muse der Heimatdichter, das Playgirl der Diplomaten,
In fremden Zungen den Enkeln berichtend vom Heiligen Krieg.

3

Terror, ihr Lieben, fällt mit der Tür ins Haus, dann verstummt er.
Er bringt das Geschirr zum Klirren, verrückt Tische und Stühle.
Da sitzen sie und beschwören die Toten, weil Terror sie aufwühlt.
Er trübt die Gedanken, steigert den Blutdruck, erfaßt als Erregung
Jeden der Körper bis in die Knochen. Sein Sog ist das Fernsehn.
Terror ist Ohnmacht in höchster Potenz, kalkuliertes Entsetzen,
Ein Phantomschmerz, der wirkt über Tausende Meilen hinweg.
Straßen erstarren unterm Schneefall von losen Papieren und Staub,
Wenn Terror die Himmelsleiter herabsteigt ins Innre der Städte.
Er nimmt dir die Lust am Kino, an Bildern explodierender Autos,
Brennender Wolkenkratzer, in die ein Passagierflugzeug stürzt.
Er schmiert einen Film über Fensterfronten, schminkt die Gesichter,
Die sich vor Auslagen spiegeln aschgrau, wie plötzlich gealtert.
Terror verwandelt das Rasenstück samt der tschilpenden Spatzen
In ein abstraktes Gemälde mit dem Titel »Mondlandschaft IV«.
Wenn im Park das Denkmal Kosciuszkos stürzt, die Nase voran,
Weiß man, dem Ruhm ist der Terror gefolgt als letzter der Gäste.
Heimlich küßt er die Enkel, grüßt die verfeindeten Brüder.
Er sprengt die Stadttore auf, fegt als Orkan durch das Imperium.
Terror ist eine Krankheit, schleichend wie Krebs und Sklerose.
Keiner entgeht ihm, wenn er in fetten Lettern am Zeitungsstand tobt.
Am Montag war die Welt noch in Ordnung, aber heute ist Dienstag.

4

Immer brauchts zwei zum Verrat, doch da ist schon der Dritte.
Er lacht, sagt der Volksmund. Im Zwielicht geht er umher.
Es kann eine Priesterin sein, eine Jungfrau mit Sehergaben.
Sie herrscht über Landschaft und Menschen durch Zauberei.
Kaum einer hat sie gesehn, nur den Eignen gewährt sie Audienz.
Sie haust im Verborgnen, in Höhlen, auf gut befestigten Türmen.
Dorthin bringt ein Verwandter ihr Nachricht aus unserer Welt.
Mit ihr muß man rechnen, wenn Aufruhr den Limes bedrängt.
Sie lockt ins Dickicht, macht aus dem Sumpf einen Hinterhalt.
Civilis, Classicus, so heißen die Feldkommandeure, die Treuen.
Veleda führt sie mit ihren Fingerspitzen, sie streut die Orakel.
Novaesium, Tikrit, Grosny und Kabul heißen die Orte,
In die sie ihr Gift spritzt, die Augen geschlossen vor Andacht.
Fern wacht sie über der Schlacht, bläst entrückt in die Flammen.

5

Zwischen den greisen Beratern sitzt er, der kindliche Cäsar.
Stammelt mit schwerer Zunge, was ihm sein Hofstaat souffliert.
Ins Ungefähre zielt seine Rede, in ferne umwölkte Provinzen
Voller Barbaren: Parther, Gallier, Germanen, alles ist eins.
Er kann sich die Namen nicht merken, die unvorstellbaren Orte,
Wo in Wäldern und Berghöhlen Feinde hausen wie wildes Getier.
Wie dürftig sein Wortschatz, er jammert und droht, und verstört
Kriecht er in sich hinein unter den Rutenbündeln und Adlern.
Zu groß sind die Marmorsäulen, die Säle für ihn, den Zwerg.
In den Händen dreht er ein Spielzeug, sein Blick sucht um Rat.
Durch die blauen Augen wie Adern ziehen, gerüstet, die Truppen,
Dreißig Legionen, zum Aufmarsch bereit, Schwerter und Helme.
Ein Räuspern der Stimme mit dem rauhen Akzent setzt sie in Gang.
Dann zieht er sich still zurück auf die kaiserlichen Latrinen.
Dort kann er Mensch sein, ein Sklave putzt ihm den Hintern.
Während draußen ganz Rom mobil macht, die Märkte schließen,
Sinnt er gähnend vorm Spiegel den Toten nach, ihren Paraden,
Die ihn als Kind schon gelangweilt haben mit ihrem Hurra.

6

Wirf ruhig die Münze, Rekrut. Vielleicht kehrst du bald heim,
Wenn auch als Krüppel, in Talkshows gefeiert vom müßigen Volk.
Nimm den Applaus nicht persönlich, den Lorbeer als Vorschuß
Auf etwas, das keiner dir auszahlt. Denn Krieg leert die Kassen.
Man kann die Olive pressen, die Traube, nie wird der Marmor
Von Rotwein triefen und Öl. Er zeigt dir die kalte Schulter.
Horch, wie sie schmeicheln, dich rühmen: den Einen von Vielen.
Aufrecht gehst du, römische Eins, und doch bist du die Null,
Das O in Legion. Auf dir liegt der scharfe Akzent aller Reden.
Dies ist dein Körper, kanadischer Farmerssohn: Patroklos-Schultern,
Die Brust des Gladiators, das Haar eines syrischen Knaben.
Karthago und Illinois, San Diego und Kreta in Fleisch und in Blut.
So viele Stämme, die in dir zusammenwuchsen zu einem Leib.
Bedenke, wenn du ihn hingibst – der Hieb, der dich trifft,
Fällt einen Baum, den Jahrhunderte nährten, Länder, Geschlechter,
Die älter sind als dein Land, härter als des Feldherren Kinn.

Feierabend an Bord des Zerstörers, das U-Boot gleitet mit halber Kraft.
Sie liegen eng in den Kojen, traumlos, wie in der Dose Sardinen.
Verdunkelt die Hangars, Feuerpause, Mensch und Maschine geschafft.
Kein Mucks mehr, zu müde für Heimweh sind Infanterie und Marine.
Verausgabt beim Eilmarsch, keiner fragt mehr: Was trieb uns her?
Jetzt sind sie Fremde für die daheim, mit Verbannung gestraft.
Bleiern die Stille, wie über Soldatengräbern. Nichts lastet so schwer.
Das Magazin auf der Brust, stürzen sie in den Kreuzfahrerschlaf.
Plötzlich herrscht Ruhe, selbst das Zotenreißen hat nun ein Ende.
Siesta, Meister. Laß sie in Frieden dort im MG-Nest, durchnäßt
Von Blut, Schweiß und Tränen. Es schmerzen die Füße, die Hände.
Den nächsten Tag überlebt nur, wer alle fünfe gerade sein läßt.
Doch was heißt gerade? Das Rückgrat, krumm noch vom Essenfassen,
Im Krieg bringt es nur in Gefahr. Besser, man legt sich flach, schweigt
Zu Befehl und Drill, während drüben die Irren sich gehenlassen.
Man raucht, das beruhigt. Früher Machorka, heut Lucky Strike.
Nur Freundschaft gedeiht hier – aus Not. Da war mancher, der schrie,
Weil sein Patroklos fiel. In der Regel erwischt es zuerst die Zarten.
Krieg, denkt sich mancher, sei Poker. Irrtum, er ist Lotterie.
Nicht das Sterben zermürbt sie, das Schlimmste ist dieses Warten.

EIN KOLONIST IN OCTODURUS

Für Carl Grouwet

Hab mich verbrannt, beim Zeus, böse verbrannt
Am Docht der Öllampe gestern spätnachts.

Wie mir alles mißlingt hier, mein Leben
In diesem Gebirgsnest sich täglich verdüstert.

Erst kam mein Siegelring weg, der aus Gold,
Mit dem Kopf des Mimen, den Claudius so liebte.
Dann zerbrach das Geschirr mir auf dem Transport,
Mein kostbares Steingut, der Krug aus Tarent.

Nun sitz ich hier, ein Exot unter Galliern,
Spiel mit der einen Hand Flöte unterm Gewand,
Dreh mit der anderen einen Jüngling aus Marmor,
Attis sein Name, kalt wie ein Bergsee und schön.

Stolz zu sein auf den göttlichen Körper – nur wir
Kennen das, Römer mit Sinn für das Schöne.
Einen Schenkel von unten bis oben bewundern,
Wer kann das schon? Keiner der Dummköpfe hier.

Räudige, knien sie im Dreck, schnitzen ins Holz
Klägliche Götzenbilder, Fratzen und Bestien.
Finster, ihr Laren, finster ist, was ich seh.

Ringsum nur Felsen, im Tal ein betrüblicher Fluß.
Holt mich hier fort, ich bitt euch. Es fehlt
Nicht viel, und ich bring mich noch um aus Verdruß.

AN DER TIBERIUSBRÜCKE

Für Friedrich Kittler

Lange stand er da, träumte ins Helle,
Geblendet vom istrischen Weiß dieser Quader,
Vom Stein, verwittert und doch frisch wie am ersten Tag.

Tempus fugit? Nicht doch, sie trat auf der Stelle
Hier an der Mündung. Der Fluß, eine abgebundene Ader,
Quälte sich meerwärts, sein Wasser salzig und brack.

Seltsam, sie rührten ihn, diese Bögen.
Fünf steinerne Mäuler, trübe Schlammfluten schluckend,
Seit Tiberius Kaiser war, Christus am Kreuz verzagte.

Er dachte an Roms Kloaken, an Futtertröge.
Daß Fische lang nach der Schlachtung noch zuckten.
Wie im Zirkus der Panther an einem Menschenarm nagte.

Nichts war vergangen. Die Mittagshitze
Im Juli, der Steinmetz ließ wenig übrig von ihm.
Nichts als im Schädel die graue, zerfurchte Materie.

Ein Stoff wie der Stein da, dachte er schwitzend
Beim Überqueren der Römerbrücke von Ariminium,
Die Geschichte nichts anging, Verfall und Verkehr.

FANUM FORTUNA

Ein feines Römerstädtchen an der Adriaküste,
Am Eingang der gewöhnliche Augustusbogen,
Und auf dem Sims die fette Taube, das warst du.

Du warst der Kerl am Fischmarkt in der Schlachterschürze,
Der heut noch dort steht. Der Notar auf seiner Vespa,
Die Stille sägend in der *Via Vespasiano*.

Du warst der Gecko, der sich schnurgerade schlängelte
Entlang des linearen Rinnsteins, von Vitruv erdacht.
Der Panther warst du auf dem Panthermosaik,
Im Mauerwerk, asiatisch lächelnd, der Silen.
Vorm Dom der Schatten eines Kindes in der Mittagshitze.

Der Römer kannte sie, die Sonne Afrikas.
Du warst das Mädchen im Bikini, die den Freund versetzt.
Der Steinmetz, der den Statuen des Britannicus
Die Köpfe abschlug auf Befehl von Rom.

Du warst der Kustos im *Museo Archeologico*, der wußte:
Das alles wird wie nie gewesen sein. Und was da bleibt,
Sind nur die Steine, glückverheißend, Fanos Steine.

»Si me amas«

Für Michael Hofmann

Ihr geliebten Dinge, die kein Blick mehr stört
In Vitrinen – Terrakotten, Tintenfäßchen, goldne Fibeln.
Dieser Silberspiegel hat zu einer Frau aus Kos gehört.
In der Bronzeschale lagen Feigen, glänzten Zwiebeln.

Säulenschaft, um dich strich ein Kinäde, lüstern,
Lang bevor der Wärter schnarchend Platz nahm nebenan.
Eine Vase, aus dem Innern dringt intimes Flüstern –
»Süßer, stoß mich!« »Akte, komm, mir tropft der Zahn.«

Treibgut seid ihr, Kleinkram, den die Erde nicht behielt.
Von den Leibern, die euch an sich drückten, keine Spur.
Daß sie reichlich aßen, sich verwöhnten, wie verspielt
Sie waren, den Besitzerstolz, zeigt die Gravur.

»Si me amas« – mir zuliebe, ritzte jemand in sein Glas.
Frauenhand und Männerklaue: kommt, ihr Graphologen,
Seht den Unbekannten, von der Zeit verschluckt, *en face*.
Psyche ging. Es blieb, aus Stein, der Schulterbogen.

AKTIV

Da sagt jemand Krater, und schon stürzt du hinab.
Ein Wort aus dem Griechischen, Bruchstück, es meint
Einen Krug, in dem mischten sie Wasser und Wein.
Den vulkanischen Abgrund, Empedokles' Grab.

Ein Wort nur, ein Splitter, und du siehst die Sandalen
Am Trichterrand. Starrst durchs Loch in der Schädeldecke
Auf die graue Substanz. – Diese riesigen, fahlen,
Im Mondatlas abgebildeten, pockennarbigen Flecken.

Du hörst nur Krater – es knirscht, und das Ohr,
Aus Keramik und Lavaschutt, zaubert Mythen hervor.
Rotfigurige Szenen mit Hephaistos, dem Schmied.
Oder Hades, der Persephone in sein Totenreich zieht.

EPIPHANIE

Kentauren, euch hätte ich gar zu gern in natura gesehen
Mit eignen Augen, eh ich mich aus dem Staub mache hier.
Einhörner, Drachen, ihr Harpyien, Sphinxe und Feen
Könnt mir gestohlen bleiben. Von allem Fabelgetier,
Pferdemenschen, das größte Rätsel seid ihr.

Könnt ihr nicht wiederkehren, könnt ihr nicht auferstehen
Eines Sommertages? Ihr müßt ja nicht wiehern,
Es reicht, wenn einer von euch aus dem Unterholz bricht.
Zum Beispiel in Griechenland, nachts an der Autobahn
An einer Tankstelle im Scheinwerferlicht.

Doch es gibt keine zweite Chance. Leider, ich weiß ja:
Die Wälder, aus denen ihr treten könntet, sind abgeholzt.
Vorbei der Tanz, der Galopp durchs Dunkel der Peloponnes,
Seit die Fichten gerodet wurden, Material für die Flotten,
Die den Seesieg erkämpften bei Salamis.

Schlußlichter ihr, kaum wart ihr verschwunden, war Schluß
Mit den Göttern. Es blieb nur das ungeheure Geräusch
Knackender Zweige im Regen. Manches erinnert an euch.
So der behaarte Unterarm meines Nebenmannes im Bus,
Schwarz die Putzwolle dort auf der Männerbrust.

Mutanten aus Mutwillen, Herolde ihr aus der alten Welt,
Einmal noch habt ihr Europa besucht unter Dschingis Khan.
Daß der Sturm aus der Steppe die Städte in Atem hält –

Der Mensch mit dem Pferd verwachsen, der mongolische Traum,
War der letzte vor Flugzeug und Eisenbahn.

Nur Texte blieben euch, Vasenbilder und Marmorreliefs,
Mit den Muskeln zu spielen. Nur die unsterblichen Strophen
Von Homer bis Ovid, die euch schildern in freier Wildbahn.
Wer will schon Kentauren gebären wie jener Philosoph?
Was kann ich tun, euch noch einmal zu treffen?

ACHILLESSEHNE

Und plötzlich war dein Fuß, der linke Fuß
Versunken wie in einer Moosschicht, die gab nach,
Der Knöchel weggesackt, und trat ins Weiche, Leere.
Und unter ihm der Boden tat sich auf, kein Halt mehr.
Gerissen die Achillessehne – wie eine Saite springt.
Das war der langersehnte Frieden, *apátheia*,
Den sich die Sappho wünschte nach der Liebe,
Ein Fallenlassen bis hinab zur Kindheit.

Sieh an: so schnell zersprang der sichere Kordon,
Die Kuchenform, dein kleines wackeliges Universum.
Putzlumpen du in einer gichtigen Gigantenhand,
Die durch den Hallenboden griff und dich gepackt hielt.
Dir wurde schwarz vor Augen, dann verwarf sie dich.
Kein Stoff für Oden, dithyrambisches Athletenfieber,
Ein Ausfallschritt beim Federball. Geschieht dir recht.
Und noch am selben Abend wird man aufgeschnitten,
Liegt da mit Schlauch im Mund und weiß nicht mehr,
Wo all die Jahre hin sind bis hierher.

Da fing es an, vielleicht fing es da an,
Daß man empfindlich wurde gegen diese Zugluft Zeit,
Hellhörig auch für jeden noch so weit entfernten Knall.
Und setzte sich und rieb die Ferse, ein Schimpanse,
Kühl angeweht von einer nebensächlichen Bemerkung.
Rückreise war ein Wort, im Humpeln aufgeschnappt,
Das plötzlich weh tat. In der Stille Weckerticken,
Die kleine Weile, die ein Fluch braucht, bis er wirkt.

Echo sagt nun ein paar Takte

Wie, dummer Pinsel, du willst ein Gesicht mir verpassen,
Eine Göttin stören, die nichts vom Augenlicht weiß?
Tochter der Sprache bin ich, der Luft. Mutter der leeren
Indizien, tret ich, selbst geistlos, als Stimme hervor.
Vom Ende her pack ich, am Zipfel der letzten Kadenz,
Andrer Leuts Worte und geb sie als meine zurück.
Dir in den Ohren liege ich, allesdurchdringend, Echo!
Willst du mich malen so wie ich bin, male den Klang.

(Nach Ausonius, das Elfte Epigramm)

Von der Seelenwanderung

Wir standen frierend auf der Engelsburg, und es war März,
Die Luft noch kühl in Rom, da fiel der Name Hadrian –
Der ewig Reisende. Er reist noch immer, ging ein Scherz.
Und du: jetzt ist er angelangt.
                              Wer war der Mann,
Der da im Keller lag des Monsterbaus? Bei Hofe hinterrücks
Hieß er nur *Graeculus*. Ein Feingeist, der gern Verse schrieb.
Der Tiber unter uns, das trockne Flußbett, Kalksteinbrücken,
Man sah, wie sich die Wasser quälten durch ein Zeitensieb,
Unendlich zäh. Wir schauten weit hinaus aufs Land
Und dachten an den Cäsar, der drei Bibliotheken unterhielt
Damals in Rom. In den Sabiner Bergen, wo die Villa stand,
Und fern in Antium, wo die Mütter Schicksal spielten:
Caligulas Geburtsort, Neros.
                              Im zerrauften Straßennetz
War noch die Handschrift zu erkennen, der Gedankenstrang
Von einem, der nichts leicht vergaß. Denk nur, zuletzt
Auf seinem Sterbebett, als ihm die Parze an die Kehle sprang,
Hat er gesungen wie ein Vögelchen: von seiner Seele.
Fünf Zeilen lang, in Kindersprache, das wog vieles auf –
Roms Kuppeln und das Pantheon, die Obelisken, Bildersäle,
Und die Geschichte bis zu uns und Papst Johannes Paul.

Wer war der Mann, von dem Spartanius schrieb? Biographie,
Das hieß Triumphzug, Hadrianswall, Plazentaschwamm...
Und Sommer, Krokodile um den Pool. Und wie er schrie,
Als der Geliebte starb am Nil, blutjung, Antinoos. Sieh an:

Der Körper stirbt. Animula weiß nichts davon.
Und hält ein Sternbild, was der Blick hinauf verspricht?
Wer sieht den Jüngling aus Bithynien dort im Flug?
Wir, auf dem Mausoleum oben, sahen fern am Horizont
Die Pinien explodieren.
                                        In den Lüften welche Schicht
War für die Geister reserviert? Und was war Geisterspuk,
Gegen die Vespas, knatternd in den Gassen, das Geschrei
Der Kinder um den Eisverkäufer, monoton, den Baß,
Der aus den Autoradios dröhnte, das Staccato ringsumher?
Die Seelen reiten auf Frequenzen, und Pythagoras
Sah sie in Sonnenstäubchen schweben, formlos, frei.
Was wußten wir von Psyche, von Verschwinden, Wiederkehr,
Ob uns das selbst betraf?
                                        Weit war das hergeholt,
Und so frivol. Wer waren wir? Zwei Liebende in Rom
Mit einer Schwäche für dasselbe E in Ehe wie in Ewigkeit.
Beim Goldnen Meilenstein war es, am Fuß des Capitols,
Daß wir uns schworen: ja, wir werden wiederkommen
Mit andern Namen, neugeboren, zu gegebner Zeit.
Nichts drängte uns. Die Luft war kühl. Was uns betraf,
Da auf der Engelsburg, wir schauten staunend in die Runde,
Dachten an Hadrian, den Imperator, seine Wanderschaft,
Wohl wissend, niemand suchte uns in dieser Frühlingsstunde.

AUF DER AKROPOLIS

»Aber bist du mir jetzt näher und bin ich es dir?«
Friedrich Schiller

Er war nie hier. Auch diese nicht, und der und jener –
Die Kleinstaatdeutschen mit dem Herz in Griechenland.
Bis nach Sizilien kamen sie, Bordeaux. In Jena
Durchdachte einer, was er seit der Schulzeit kannte,
Und blieb doch fern. Wie Diener tuschelnd vor der Tür,
Berieten sie, die Kenner, sich in Philosophensprache.
Die Steine, von Touristen, Kodakjägern heut berührt,
Sie sind noch da, streng numeriert, gefallne Pracht,
Und schweigen doch, die Säulen, abgewetzt, die Stufen.
Nur einer hat ihn noch gespürt im Leib, Apollons Schlag.
Ein Andres immer suchend, darbte er, an fernen Ufern.
Ein Tempelberg, und ringsum Reisebusse, Tag für Tag.
Die Väter schwärmten, heimatlos, und der verlorne Sohn,
Vom Zufall hergeweht, kommt eines Tags dort oben an.
Was er da sieht, verstört, ist das von alters her Gewohnte:
Den Müll, ein blaues Kleid, die Biene überm Thymian.

Repoussoir

Für A.S.

Was sagt die Stille in Museen, Sterbezimmerstille,
Darüber, wer in Himmelsfluren aus und ein geht tags?
Die Geister, ungerufen kamen sie, nun sind sie fort
Und ließen nichts als etwas Streusand für die Augen.
Ein Tintenfaß, ein Manuskript, ein abgewetztes Sofa,
Die Locke unter Glas. *Trompe-l'œil, trompe-l'œil!*
Wer weiß noch, wie dies alles einst zusammenhing,
Und wie es sich verteilte dann auf Tausende Gehirne,
Dies etwas, das hier anfing in so schlichter Kammer?

Nun ist es da und nicht mehr fortzudenken. Es ist da,
Wenn auch unfaßbar, in den stumpfen Glanz gehüllt,
Den Totenmasken haben, ihre leeren, weißen Augen.
Er tut dir leid, der kleine Sekretär aus Birnenholz,
Und auch das Stehpult dort. Doch schon der Spiegel,
Erblindet mit der Zeit, kann gut auf dich verzichten.
Dabei bist du der Sandmann, der Verständnis streut
Im Vordergrund. Du bist das Medium, der Notar.
Denn ohne dich kein Atelier, kein Altar, kein Altan.

Simsalabim! – Wo du bist, konzentriert sich alle Zeit
In einem Aussichtspunkt auf die Jahrhunderte davor.
Dein Herzschlag auf der Schwelle sprengt den Raum
Und weitet ihn und steigert erst die Tiefenwirkung.
Da ist das Bett, in dem starb einer, den sie alle kennen,
Die Decke aber, glattgestrichen, zeugt von Nirgendwo.

Sitzt er jetzt dort und schreibt den nie geschriebenen
Roman vom Weltall? Still die Steine streichelnd, du –
Im Vordergrund, liest ihn, als wär er längst vollendet.

CALAMARETTI

Für Martin Mosebach

He, ihr munteren Meeresfrüchtchen, so zartgliedrig, weiß,
Unter den Tintenfischen die allerfeinsten und kleinsten:
Kopfüber seid ihr ins Netz geschwommen. En masse
Zog man euch aus der Tiefe, ihr pfeilschnellen Taucher.
Elend, in Scheiben geschnitten, liegt ihr nun auf dem Teller
In einem Nest aus Spaghetti, Fusilli und Linguine,
Die letzte Station eurer Reise ein italienisches Restaurant.

Scusi, ihr Tierchen! Schaut mich nicht so vorwurfsvoll an.
Was kann ich dafür, daß ich Hunger hatte und las
In der Speisekarte die appetitlichen Silben: Ca-la-ma-retti?
Macht euch nichts draus, ihr Lieben, soweit ich weiß,
In eurem wäßrigen Biotop, in Poseidons wogendem Reich,
Habt ihr niemals die Sonne vermißt. Erst mein Vers
Rückt euch ins Tageslicht, eh euch mein Gaumen berührt.

VII

VENEZIANISCHE SARKASMEN

I

Klatschen bei Nacht noch; wie Beifall im Opernhaus schallt
Das vertraute Wassergeräusch, der Grundton des Unbewußten.
Zu wissen, daß im Casino jetzt einer für seine Kühnheit bezahlt,
Im Hotel vis-à-vis eine Kindheit zu Ende geht, frei nach Proust,
Macht den Weg denkbar kurz zwischen Jochbein und Mond.
Denn dies ist Venedig noch immer, Freunde, einer der Orte,
Für die es von den Buchseiten aufzublicken sich lohnt.
Wo sonst sind die Echos so hörbar: das Öffnen der Hohen Pforte,
Der Karawanenzug in den Orient, die Plünderung von Byzanz?
Fünf Liter Blut hat ein jeder, Moslem und Jude und Christ… –
Dramatik: ein Boot zischt vorbei, Blaulicht. Ein Wellenkranz
Schäumt aus der Tinte, lange nach Mitternacht. Der arme Tourist.
Aus wie vielen Meeren mischt sich dies alte Seemannsgrab?
Kein Stier mehr zu sehn, doch alles schwätzt von Europas Raub.
Die kranke Contessa in ihrer kalten Sala schaut von oben herab,
Während unterhalb der Terrasse etwas wie ein Walroß schnaubt.

Schlaftrunkne Frage: Warum Venedig? So muß ein Wasserspeier,
Ein Faun aus Bronze sich fühlen, während sie nebenan beichten.
Morgens gehört den Möwen die Stadt, und sie lachen dich aus,
Gnadenlos, diese Beutejäger, blitzschnell herabzustoßen bereit.
Es sind Räuber wie du, auch wenn ihr Gefieder in Weiß und Grau
Dem auf den Schultern des zartkolorierten Tiepolo-Engels gleicht.
Dann reißt ein Dieselmotor dich aus den Kissen. Nach Plan dreht
Der Wasserbus erste Runden, pflügt die Wellen auf für den Tag.
Öffnen der Fensterflügel, der Fächer geht auf. Seht doch nur, seht,
Wie das Wort sich entfaltet zum Paraklet, der am Kalkstein nagt.
Frühsport ist die Verbeugung vor Palästen, alabastern verwittert.
Soviel Schmutz, soviel Geist in Lünetten, Reliefs, Architraven.
Überall nistet Unglück sich ein. Hinter schweren Bordüren fällt
Das Fleisch der Schwermut anheim mit Falten und Alterszittern.
Gaunerei neben Größe, und Venus wird für ihr Nacktsein bestraft.
Doch momentlang genießt man ihn, den Stehempfang bei der Welt.

3

Weißt du noch, die düstere Calle in Form des gespiegelten L,
Die uns bis in den Traum hinein folgte, unser täglicher Gang?
Strahlender Himmel, Oktober, doch an der einen unguten Stelle
Fielen dir Seufzer ein, Bleikammern, und der vitale Gefangene.
Dort auf den glitschigen Steinen, im Taubendreck war es nie hell.
Der Mauerputz, bröckelnd, verleugnet, daß du jemals hier warst.
Diese gräßliche Gasse, leicht zu erkennen war sie, selbst nachts,
Am Geruch als Gemeinschaftsküche und öffentliches Pissoir.
»Venedig stinkt.« *Certo*, wer hätte im voraus nicht daran gedacht?
Sie trägt es mit Fassung, Geschichte hat längst ihr Urteil gefällt.
Für Klaustrophobe der reine Horror: so erscheint diese Stadt
Von oben wie ein Laborlabyrinth mit ihren engen Parzellen.
Als wären, was unten flink um die Ecken huscht, lauter Ratten.
Dabei sind es Menschen, vertraut mit den Schauern im Nacken,
Wesen wie wir, die bei jedem Geburtstag sich lächelnd quälen.
Zur Strafe werden sie, ihre Schatten, im Vorübergehen bekackt.

4

Was für ein Glück, am Fenster zu stehn dort am Rio di San Polo,
Mit einem Blick zu umarmen, was viel Schrift nur erfaßt.
Dies war der Plan: Sich aufs neue die rege Krankheit zu holen,
Ein paar Löcher reißend in das dürftige Sein, nicht wahr Sarkast?
Wer hält das schon aus, allezeit nur auf der einen Seite zu sein,
Anstatt vorzubeugen ein Stück für die so finstere Strecke danach?
Sicher, man lebt dort wie überall, igelt auch im Palazzo sich ein.
Hohe Wände, Gobelins, doch das Kindergeschrei und der Krach
Einer Fernsehshow bezeugen: dasselbe Heute, dieselbe Enge.
Aber etwas ist anders, man selbst tritt verändert auf den Balkon
Hinaus, sieht, wie das Wasser die hohen Bogenfenster bedrängt.
Das Glas erwidert wie Klaviertasten mit lang anhaltendem Ton
Dieses Glitzern von unten herauf, nachts die gelblichen Lichter.
Der Kirchturm, in den Wellen aufgelöst, wird hier zum Minarett,
Als könnte Lagunenluft seit jeher den großen Streit schlichten.
In den Schlaf gewiegt, starrt man auf das Mückennetz überm Bett.

5

Ein altes Ehepaar, stille Texaner, auf der Brücke überm Canal.
Sie hat ihm die Staffelei ausgepackt, die Pinsel zurechtgelegt,
Jetzt sitzt sie geduldig im Schatten, während er malt und malt.
Als erstes Konturen: das Auge bahnt sich durch Pfähle den Weg.
Es schweift über Dächer, folgt der Wasserstraße und kehrt zurück
Zu dem weißen Japanblatt. Was soll das werden? Ein Aquarell.
Langsam. Erst gilt es, Venezia, die Tausendfältige, zu vergessen,
Die Galerie der Carpaccios, Canalettos, die hinterrücks drückt.
Allzu erfahren, eine lässige Schöne, liegt sie jedem Modell.
Ruhig Blut, Bill, nicht zittern! Sprühend von perlgrauer Nässe,
Steigt aus dem Bad Susanna, die Schlammgeborne, dir zugewandt.
Nun die Farben, hemmungslos, Lachsrosa und ein gewisses Blau
Von den Schläfen hellblonder Frauen, Bettzeug, verwaschen.
Treppab rinnt ins Dunkel ein Grün, spiegelt den Himmelsrand.
Alles verewigt: für einen Flohmarktvormittag. Der Alte schaut
Zu ihr auf. Da erhebt sie sich, packt ihm die Mappen, die Taschen.

6

Woher dieses Zutraun zur Zeit? Daß die Enge immerfort variiert,
Das Abgewetzte erneuert, der Schwund ersetzt werden kann.
Tag für Tag schließen sie die Kapellen und Kirchen auf und zu,
Bestrahlen das Fresko, das die junge Kunsthistorikerin studiert.
Schiefe Türen, am weichen Stein leckt mit salziger Zunge die Flut,
Die schmeichelnde Stufe zieht noch den tausendundersten Fuß an.
Doch die Bilder dunkeln. Selbst Veronese, langsam blutet er aus.
Nichts bleibt verschont, auch die Märtyrerwundmale verblassen,
Des Türken Turban, die Speisereste vom großen Augenschmaus.
Mit jedem Tag altert die Herrlichkeit, bekommt Flecken und Risse.
Kein Rahmen hält, es hilft nur, die Dinge ins Herz zu schließen,
Nach der ultimativen Madonna suchend, auch du wirst zuschanden.
Merk dir das feuchte Schimmern, Freund, den Seetanggeschmack,
Wie im schwindenden Licht noch die Kuppeln von Gold überfließen.
Nachts, wenn das Maßwerk zurückweicht wie die Krabben im Sand,
Erstarrt in den schmalen Kanälen das Wasser zu schwarzem Lack.

7

Schau sie dir an, diese Typen, die täglich den Campo passieren:
Gondolieri, Kellner, Verkäufer, ein buntes Völkchen, geschickt
Und geschäftig, markante Figuren. Keiner hat was zu verlieren.
Priester, Barbiere, Straßenmaler, jeder beherrscht seinen Trick.
Noch immer spielt man *Commedia*, und der Tanz von Schinken
Und Käselaib wird zur Burleske, an der sich das Kind in dir freut.
Schurken? Das war aus Bewunderung hingesagt. Die dich linken,
Sie haben dabei ihr Vergnügen, und so betrogen, doch nie bereut,
Hast auch du es zuletzt. Was unterhält, macht dich nicht heiß.
Fremdenführer, wie verräterisch klingt das: Man wird verführt
Von einem zum andern, zahlt doppelt, wie bei Goldoni der Herr.
Advokaten, schwarz, die Modebrille sitzt ihnen wie angeschweißt,
Und die Hand, die das Wechselgeld reicht, ist perfekt manikürt.
Jeder neppt, strengt sich an. Überhaupt hört man oft hier *perfetto*.
Der steinerne Löwe, der Pudel, alles läuft munter wie nebenher,
Von Tizian bis T-Shirt-Laden, Tittenzeitung bis Tintoretto.

Und immer ist es ihr Kinderspielzeug, das ihnen einfällt hier –
Den stillen Besuchern. Eine Papierlaterne, das Gondelmodell,
Das der Vater besaß, irgendein Andenkennichts, hübsch verziert.
So sieht man sich wieder. Das Kind, hergelockt auf der alten Spur,
Weiß sofort, wo es ist. Und im Traum noch erkennt es die Stelle,
Die herüberwinkte von Tantes brauner Kommode – als Miniatur
Der Rialtobrücke, und in der Glaskugel rieselt leise der Schnee.
Ein billiger Farbdruck, ein Majolikateller, so fing es wohl an.
Wegen ihm bist du hier, dem geflügelten Löwen aus Gips, gestehs.
Infantil, wie gesagt, ein Bild, sich früh satt zu saugen daran.
Kitsch, sagt die strenge Gebieterin ihrem Gatten, beide in Jeans,
Er mit der Kamera fuchtelnd, und sie meint das Belcanto-Geplärr.
Aber du bist woanders, in Gedanken an einen köstlichen frühen
Morgen in Großmutters Eisenbett, versunken in ihren *Baedeker*.
Wen stört schon der Postkartenglanz, das übertriebene Aquamarin,
Sobald ihn Erinnerung heimsucht beim Anblick der grünen Brühe?

9

Ein Wohnzimmer ist sie, die Stadt, für viele hier nichts als das.
Immer noch liest man die großen Namen auf jedem Klingelbrett,
All diese Palma, Grimani, Loredan, die ein Ruf übers Wasser
Hinaustrug nach Zypern und Konstantinopel. In ihren Bettchen
Schaukeln sie selig, wie die Ahnen gratis vermählt mit dem Meer.
Die fragile Kommune – lange schon heißt es »Venedig retten«.
Den Touristen erleiden sie und möchten ihn doch nicht missen.
Er spült das Geld in die Kassen, zahlt für Müllabfuhr, Feuerwehr,
Die Restaurierung der Kirchen im Tausch für Plunder und Prunk.
Manche Schöne, erschöpft sinkt sie nachts halb drei in die Kissen.
Dann schreien die Möwen besonders erbärmlich. Verloren funkt
Das gotische Fenster, der Campanile sein Positionslicht herüber.
Ausstellungen locken, Filmfestspiele, Konzerte und Biennalen.
Streng dich an, Cicerone. Kein Wässerchen wird sich trüben,
Führst du, mit falschen Zahlen gefüttert, die mühsam Geladenen
An den Ort, wo die Nudeln schwarz sind wie der Schlick im Kanal.

Morgens der Fischmarkt. Wenn das ein Auftragsbild wär, schade,
Man würde nie fertig werden damit. Unterm Markthallendach,
Vor den Ladentischen aus Stahlblech, Waagen, scharrende Füße.
Sechs Jahrhunderte Feilschen, da hilft nur Kubismus: Parade
Der Ichthyosauren, Abteilung Liliput, dazu der berühmte Krach
Aus *Chiozza*, dem Hafen am Schluß der Lagune, von daher stürzt
All das herbei in der Früh, Meeresfrüchte, frisches Obst und Gemüse,
Dies heilige Durcheinander aus Würze, Bauernschläue, Seefahrerei.
Breitbeinig stehen sie da, präsentieren in Gummistiefeln, Schürze
Alles, was Adria und Mittelmeer bieten. Tellergroß: graue Rochen,
Seezungen, Tintenfische, Barben und Muscheln, selbst Haie –
Wenn auch nur schmächtige, schmal wie der Arm meiner Tochter.
Dies ist die wahre Vormacht, Sieg der *secondi piatti*, Collage
Aus Schwertfisch, Aal, Krabben, Sardinen und Debussy (*La mer*).
Hier und da zuckt ein Krebs, klappen Kiemen, tropfts aus der Tasche.
Kein Photo, Sankt Petrus, faßt all das Blut, und erst recht kein Vers.

Ein stiller Campo mit Brunnen, von den Häusern (viel Terrakotta)
Blättert Putz ab. Ein Schatten schneidet mit seiner Hummerschere
Die Steinplatten zu, die Stufen, auf denen Algenbärte verrotten.
Im Wasser dein Spiegelbild, stramm, macht als Schildwache kehrt.
Mit etwas Glück bist du der einzige hier, einen Vormittag lang.
Kein Mensch weit und breit, dem die Wäsche gehört, die da oben
Obszöne Verrenkungen ausführt im Wind. Bald stürzt wer vom Seil.
Den schiefen Glockenturm stützt, scheint es, nur eine Bohnenstange.
Unter den Füßen rumort es, sanft hat das Meer sich herangeschoben,
Rupft an den Kiefernpfählen im Untergrund, raspelt und feilt
An Bootssteg und Hintertür, im Staate Venedig die höchste Gewalt.
Noch wärmt Oktober die Nische mit dem Nackedei auf dem Schoß
Der erschöpften Mutter, die auch hier auf der Flucht ist wie überall.
Plötzlich ein Frösteln, auf der schmalen Brücke erwischt es dich kalt.
Die Erde, unaufhaltsam taucht sie dem Winter entgegen. Also los,
Verlaß die Oase, bieg in die nächstbeste Gasse ein, jene schmale.

Dann schrie jemand »Luca!«. Und es hallte wer-weiß-wie-weit
Über die Wasserfläche, wie ein Schuß, der gegen Fassaden knallt.
Es war nicht klar, wer da schrie und warum. Doch der erste Schrei
Seit Tagen, hier im Echoraum der Lagune, das roch nach Gewalt.
So ist es, wenn *Ambulanzia* vorbeirauscht, die Rettung verfehlend.
Alles schaut auf hier, starrt mit den weit aufgerissenen Augen
Der frühen Christen (romanische Plastik) auf das moderne Elend.
Nichts zu machen, denken sie und wenden sich nach und nach ab.
Radar und Funk, Intensivmedizin, Atemgerät, alles das taugt
Nur, wenn Gott Zufall gut mitspielt. Heute sah ich ein frisches Grab
Drüben in San Michele (Signora Russo) und las dort den Spruch
Auf dem Stein hinten »Letum non omnia finit«. – Die Pointe saß.
Hoffentlich, dachte ich, flehentlich, nochmals zusammenzuckend,
Bei der Rückfahrt, in der Nase den hier üblichen Faule-Eier-Geruch.
Venedig im Regen, ein Tafelbild, und jemand malte da naß-in-Naß
Locker die letzte Ansicht für mich. Wer aber war dieser Luca?

PETRARCA

Sein Sarkophag in Arquà, eine Barke
Aus rotem Marmor, auf dem Bergkamm abgesetzt.
In diesem Adlernest hat er zuletzt gehaust. Hier starb er,
In seinem Reich, dem Reich der Sprache, Patriarch.

Frater Petrarca in der kargen Kluft, so karg
Wie keiner seiner Verse je: Aus solchem Felsgestein
Entsprang der Quell, sein steiler Sturzbach aus Canzonen.
Man sieht die Kammer noch, in der er sich verbarg.

Kein Katarakt wie dieser, und darunter, nackt
Seziert vor aller Welt: kein Herz wie seins. Da am Altar
In Arquà damals in Gedanken an die kalte Asche
Blieb auf der Zunge, salzig-süß, ein Nachgeschmack.

PHEROMONE

Wann war das? In diesem Jahrtausend, im letzten?
Die düstre Pensione, schmale Treppen, kaum Platz
Fürs Gepäck, und wir auf dem Laken mit einem Satz.
Wie hieß die Bar noch, am Abend Verheißung und Wink?
Herrgott, mein Gedächtnis. Nur Löcher und Fetzen:
Zwei Körper, umschlungen, ein Verspaar, das hinkt.
Wie Ozelots dampfend, so hungrig, entflammt
Warn wir selten.
                           Ich seh es wie heute:
Das Bett am Kanal, unser Nest, und da unten den Schlamm,
Wo die Ratte den Aal, der Aal die Ratte erbeutet.
Traum von schwülstigen Pornos … Das feuchte Plakat
Vor dem Kino beim Kai dort, frei nach Tizians Stich,
Galt dem Burschen im Bocksprung, der Frau im Spagat.
Wie Erinnerung frisch bleibt, solange sie riecht.

FLEISCH UND STEIN

Da war es wieder – dort, in einer dieser Fürstenstädte,
Wo auf der Piazza sich die alten Gockel trafen
Zur Fleischbeschau. Und jemand schmettert Donizetti,
So laut, da kann kein Faun am Brunnenrand mehr schlafen,
Keine der fetten Bronzenymphen, von Neptun bespritzt,
Im Julilicht, dem silbernen. Die immergleiche Szene,
Vertraut aus der lokalen Galleria vorm Hotel, die eine:
Susanna, badend vor den Spannern. Wenn sie wüßten,
Wie oft sich das schon wiederholt hat. »Molto bello«
Schallt es zur Feier mancher ellenlangen Beine.
Zum Beispiel deiner. Dabei trugst du, gut katholisch, Kleid.
Doch Fleisch schlägt Stein, wie Troja zeigt – und Theben.
Ein schöner Hintern, und die sieben Tore beben.
Auch heute noch, auch in der Stahlbeton-, der Plastikzeit.

MIMOSEN

Manchmal spätnachts kehrt er wieder, dieser eine Tag Rom,
Wenn im Zentrum der Glaskugel das Schneegestöber sich legt,
Deine Finger südwärts gleiten, und meine.   Das Metronom
Der Stunden setzt aus, und wir sind – in der ewigen Glyptothek.
Noch einmal die Taxifahrt, vorbei an den abgenagten Arkaden,
An Kapitellen, geköpft von der Zeit, Torsi, von Sonne gepellt.
Dann die Ankunft hinterm Rücken klatschnasser Najaden,
Um schließlich einzutauchen in Berninis phantastische Welt.
Was es da alles gab! Gazellen in Röcken und hautengen Hosen,
Obelisken, von Elefanten getragen, Marmor, zusammengestückt.
Barocke Wolkenhimmel, die man hier aus Espressotassen trank.
Fliegende Händler verkauften bei Rot an den Ampeln Mimosen.
Ein Tag nur, der bei Berührung schrumpfte zum Augenblick –
Eh wir zwei, eng umschlungen, in den Hotelspiegel sanken.

BALLADE VON
DER ARRHYTHMIE DER HERZEN

So lange sind wir nun schon umeinander,
Daß nichts mehr an den feinen Riß im Raum erinnert,
Mit dem der *Pas de deux* begann – als Augenaufschlag.
Zwei Flüchtige, verzaubert. Daß sie nirgends landen,
Nie sich ergeben würden, wußten sie. Entrinnen
Mochten die Junis, doch es blieb der eine Tag.

So wenig Zukunft sollte unsern Blicken drohen,
Gewöhnt an Reihenhäuser, Paarungsalltag, Werbeplanken,
Daß wir uns rückwärts gleitend aus Oktobern zogen,
Einander zugewandt, ein Paar, das auf sehr hohen
Luftpolstern fortfuhr. Die Balance im Schwanken
Trug jetzt ein Schlüsselbein, ein Brauenbogen.

So wortlos halten wir uns Wort, Komplizen,
Mit einer Geste einen März entwerfend, daß ein Wink
Genügt, uns auf die Dächer zu versetzen, und uns nachts
Schwimmbäder öffnet oder Gärten. Die Indizien
Verschweigen uns, wenn wir stadtauswärts flink
Den Traumweg kombinieren, früh hellwach.

Ein neues Jahr treibt, altbewährt, die Geister
Den Orten aus, wo wir in warmen Mulden ungeduldig
Erwachten, eng umschlungen und bei jedem Wetter
Vierhändig spielend und aprilhaft immer dreister –
Mit jeder Indienreise durch ein Bett. Nicht: schuldig,
Nach soviel Tantra hieß der Spruch: unrettbar.

Ein altes Jahr, ein neues Jahr, was zählt das
Nun für uns zwei auf der Tournee durch all die Städte,
Wo wir wie Würfel unsre Punkte zeigen. Nichts geschieht
(Denn auf November, auf Dezember ist Verlaß),
Was wir begeistert uns nicht selbst verordnet hätten,
Streng wie das Spatenblatt den Grabrand zieht.

So lang ist her, was gestern ganz groß anfing,
Daß zwischen Hals und Hüfte kaum die Blaubeerflecken
Von den Septembern zeugen, wenn beim Pflücken
Der Wald sich drehte, bis man in den Himmeln hing.
Unmöglich, Blick in Blick, den Irrtum zu entdecken,
Von dem Catull sagt, er klebt stets am Rücken.

Ach, seither narren uns nun die Kalender
Mit einem Februar, der auf den Juli folgt und schleift
Den Januar mit sich. Und unterm Strich die roten Pfeile
Markieren Daten, die an unserm Glück nichts ändern.
Nichts daran, daß man erst begehrt und dann begreift,
Lauscht man demselben L in Liebe wie Langweile.

Das Ungeheure ist, sie kehren so gern wieder,
Nicht nur im Mai, die herzzerreißenden, die Szenen,
In die uns Zeit zu zwein, wie in ein Bernsteinzimmer,
Einschloß, wo wir uns meeresnah, in alten Sperrgebieten,
Begegnen, Pläne schmieden, aneinanderlehnen,
Im warmen Honiglicht verschmelzend, Schwimmer.

MESALLIANCE

»Ages to years: the telescope is turn'd«
Edward Young / Night Thoughts

Ewigkeit, Augenblick? Das ist, scheints, nicht das Problem
Im Moment. Die meisten sind voll beschäftigt mit ihrem Heute.
Wen kümmert Vergänglichkeit? Vanitas, war das nicht Kitsch –
Ein Geflatter von Totenkopffaltern. Warm, satt, bequem:
Dieser Dreiklang tönt aus dem täglichen Glockenläuten.
Alles andre ist Träumerei, sagen sie, der reinste Iwan Iljitsch.
Wozu haben wir Satelliten, die da oben kontrolliert kreisen?
Milch oder Mohn, Haut oder Markt, jeder hat seine Chance,
Die er nutzt oder sausen läßt.
                                        Nur, es gibt keine zweite.
Und weil Zeit immer untreu ist, bleibt uns nur – Mesalliance
Mit dem, was zurückruft, Liebe, dem einzigen Du unter allen.
Einmalig dies Menschenleben, ein Meteorit. Was das heißt,
Kann ein Grieche dir flüstern. Irgendwas von entrückt ins Weite,
Schwankend, ungewiß, aus großer Höhe auf die Erde gefallen.

Wir sind so fern gewesen, frei, als wir uns kennenlernten,
Von all den stumpfen Größen. Mammon, Altern, Politik.
Jetzt sind wir eingekreist, wie alle. – »Bin ich alle?«
Hör ich dich sagen. Und ich kam, Dietrich von Bern,
Vom andern Ufer dir entgegen, wissend, es gibt kein Zurück.
Da war er schon, der dritte Akt. Wir saßen in der Falle.
Der Müll war Zeuge: Joghurtbecher, Windeln, Tagescreme,
Das Elend Alltag, Rechnungen, bezahlt und unbezahlt –
Das schweißt zusammen. Und ich schwöre: Für das Diadem
In deinem roten Haar mach ich mich gerne zum Vasallen.
Denn dieses Schlachtfeld ist mir alles, Liebe, Leben …
In Mailand einmal, auf dem Dach des Doms gelandet,
Den Tauben folgend, die im Nebelgrau verschwanden,
Warn wirs zufrieden beide, kurz davor, selbst abzuheben.

UNVERSCHÄMTHEIT

Und wenn sie wieder fragen »Was heißt für Sie Glück?« –
Die Magazine mit den bunten Bildchen (*lifestyle* undsoweiter),
Dann sagst du: Geil zu sein. Drei Silben nur. Denn selten ist
Und kostbar dieser Zustand, allem Sterben weit entrückt.
Was gibt es Schöneres, als sich auf Laken auszubreiten?
Mann oder Frau, denkt nach (und scharf), was übertrifft
Die Seligkeit, es unverschämt zu treiben?
                                                    Dieses Hecheln,
Bei dem Parfüm, verbrannt, herüberweht. Dies ungezügelte
Sich Ineinanderwühlen, breit wie Satyrn lächelnd,
Am Rückgrat Schauer. Schweiß perlt auf den Nasenflügeln.
Keins hört mehr, wie die Uhren ticken. Gleich ist es vorbei,
Das Heiß und Kalt. Eh sie sich trennen nach dem Akt,
Heißt es: *lascivia*, Tollheit, Libido. – Bis vom Geschrei
Genervt der Nachbar an die Wand klopft und schreit *Fuck!*

HOROSKOP

Ein Mann, eine Frau – alles Weitere steht in den Sternen,
Vulgo: den Genen, eisern verschlüsselt, erst langsam erkannt.
Aller Anfang ist schwer? Unsinn, nichts süßer als Kennenlernen,
Eis, das flambiert wird, jeder Wachs in des anderen Hand.
Vor allem die weichen Stellen, in Psyche und Physis, sind bald
Arrondiert, wo Zungen verhandeln, Wimpern und Fingerspitzen.
Euphorie ist wie Babyspeck, ein Vorrat, angelegt in den ersten
Vierundzwanzig Stunden, der reicht bis zu Paarung und Alter.
Avanti! Wer zaudert, bleibt ewig auf Horoskopen sitzen,
Eins mit sich selbst, doch Monade, erfüllt bis zum Bersten
Von versäumten Momenten, erträumten Lustdividenden.
Aber ach, auch dies wird geweissagt: viel Streit und Verzeihn,
Ei um Ei, das verlorengeht, bis *ein* Spermium alles beendet.
Volltreffer, Stille. Und so beginnt das Alleinsein zu zwein.

BIDET

Dies sind die heiklen Stellen. Man tastet sich langsam zurück
Bis zum Vorspann, erblickt hinterm Wandschirm die erste
Nacktheit, mit der es begann: Liebe und Furcht und Entzücken.
Indonesisches Schattenspiel, klare Konturen, bei stark verzerrten
Stimmen (»Noch nicht. Jetzt noch nicht«). So fing alles an.
Zum Frühstück Champagner, Ananas. Eine Wespe ertrank
In der Pfütze Orangensaft zwischen uns, einen Lidschlag lang,
Qualvoll im Sonnenlicht.
            Und dies Bild hat bis heute Bestand:
Wie sie anderntags wasserspritzend, glücklich und schlank,
Im Bad thront, vornübergebeugt, Göttin auf weißem Bidet.
Sommer, ein Wort wie Scheidenspülung, reiner Überschwang
War, was aus vollen Rohren uns überschwemmte dann.
Wir beide – ein Hauch nur auf einem Berliner Kosmetikschrank.
Die Streifen Gelb, weißt du noch? Am Victoriaplatz das Café?

SONETT

Komm, laß uns Wunden lecken, *frouwe*. Wir verbluten,
Wenn wir so weitermachen, einzeln aufgeschrammt.
Was hilft es, furchtlos sein und daß man sich was denkt?
Zeit schleift uns, macht aus Tagedieben bald Rekruten.
Und kaum wirds blutig, packt uns Heimweh nach dem Schlamm.
So lauscht man nachts sich an den Schläfen, teilt verrenkt
Dasselbe Bett und kann doch nicht Gedanken lesen.
Man kennt nur, zwischen Schenkeln, sie da: die Geschwüre,
So nimmermüd. Der Mensch – ein sexuelles Wesen.
Und immerfort muß man sich, unantastbar, dort berühren.
Denk an den Gallier, der allein beim Sterben saß:
Ein Heldenbild der Einsamkeit. Nicht ums Verrecken
Mit diesem tauschen möchte man.
                                        Ach, ich vergaß –
Du warst längst eingeschlafen, Frau, dich zuzudecken.

VENTILATOR

Es sind die Lilien, die so stinken in der Nacht,
Daß einem schwindlig wird von soviel Leben.
Wer hat sie aufgeputscht in ihrer Vase?
Warst du das, Chefin, mit geübter Hand?
Die Luft ist dick, von Unheil schwanger.
Der Ventilator an der Decke lange schon defekt.

Der ganze Raum, Berliner Zimmer, liegt betäubt
Unter den Lilienschauern bis hinauf zum Stuck.
Ein Alligator ist der Ventilator, wenn er ruht.
Ein Krokodil, weit aufgesperrt sein Rachen.
Doch wehe, wenn es in Bewegung kommt,
Das Mobiliar und es erbricht sich das Klavier.

Es sind die Lilien … (Und da hilft kein Aspirin),
Ein Bündel Dolche, die im Wasser faulen,
Bei dieser Hitze wirkt ihr Violett obszön,
Das Schwarz der Blütenstempel unerträglich.
Wie, glaubst du, kommt man jemals wieder raus
Aus diesem Rattenlabyrinth des Sommers?

Wo ist der Helikopter, der uns heimwärts fliegt?
Mit seinen Rotorblättern, Zähnen, Messern,
Aus dem Motorenauge blickt der Ventilator
Auf den Gestank herab, den Nimbus – Leben.
Daß es nicht scheitern kann, das ist sein Fluch.
Es kann und kann nicht scheitern, kann es nicht.

Lärchen und Sägen

Für Andreas Slominski

Hört ihr noch zu, ihr Brüder Grimm?
Ach, diese Sprache, unverwüstlich,
Geschändet oft, spricht auch für euch.
In welcher Mauerritze, welcher Stimme
Wohnt euer Märchengeist, der gute, böse, heute?

Was hier geschieht, was ihr geschieht,
Ist unaufhaltsam. Denn die Worte fallen
Aus losen Mündern, Zeitungsspalten,
Und keines schert sich um die alten Stämme,
Wie sie gesammelt sind in euern Eichenwäldern.

Was spricht der Teer, der Jägerzaun,
Vor dem der Wald zurückweicht, angewidert?
Der Wolf ist tot, sein Fell versoffen.
Das aber war der Anfang erst, und keine Ruhe
Für Brüderchen und Schwesterchen und Reh.

Nun paßt gut auf, was daraus wird,
Der Holzwurm weiß es schon, und so das Mehl
Im Schrank, das aus den Büchern rieselt.
Du, Bruder Lustig, sollst es auch noch sehn:
Wie alles anders kommt, als du dir ausgemalt.

Klein fängt es an, am Biertisch reißt
An einer Silbe einer sich die Lippen auf.
Dann springt der Funke über auf das Land,

Wird Flächenbrand, dann setzen ganze Heere
Toter Metaphern sich in Marsch, und es ist Krieg.

Hört ihr noch zu, ihr Lumpensammler?
Von einem Sündenfall der alten Sagen,
Vom Sturz der Märchen raunt die Radiofee.
Die Motorsäge kreischt noch, doch die Lärche
Gibt sich geschlagen, lang bevor sie niedersinkt.

Es ist gekommen, wie es kommen mußte.
Die Maus fraß Gift, die Katze fraß die Maus,
Dann fiel das Haus in Trümmer. Keiner weint,
Jung auf den Dorn gespießt der Präzision.
So ging es zu in dieser Welt. So geht es zu.

INHALT

I

II

III

IV